KB059729

어느 외계인의
인류학 보고서

어느 외계인의 인류학 보고서

– 지구인이 알아야 할 인류 문화 이야기

2013년 9월 30일 1판 1쇄
2024년 7월 10일 1판 15쇄

지은이 이경덕
그린이 백두리

편집 정은숙, 서상일 **디자인** 권지연 **마케팅** 이병규, 김수진, 강효원 **제작** 박흥기 **홍보** 조민희
출력 블루엔 **인쇄** 코리아피앤피 **제본** J&D바인텍

펴낸이 강맑실 **펴낸곳** (주)사계절출판사 **등록** 제406-2003-034호
주소 (우)10881 경기도 파주시 회동길 252
전화 031)955-8558, 8588 **전송** 마케팅부 031)955-8595 편집부 031)955-8596
홈페이지 www.sakyejul.net **전자우편** skj@sakyejul.com
블로그 blog.naver.com/skjmail **트위터** twitter.com/sakyejul **페이스북** facebook.com/sakyejul

ⓒ 이경덕 2013

ISBN 978-89-5828-688-2 43300

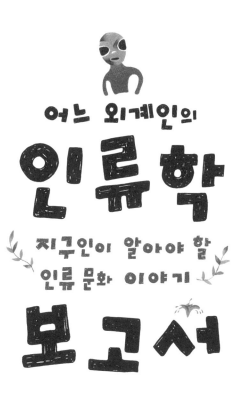

어느 외계인의
인류학
지구인이 알아야 할
인류 문화 이야기
보고서

이경덕 지음

사□계절

●

외계인의 보고서가 출간되기까지

얼마 전 헌책방 한구석에서 먼지를 뒤집어쓴 종이 뭉치를 발견했다. 누가 책을 팔려고 내놓을 때 딸려 나온 것인 듯했다. 그런데 나는 글을 살펴보다가 그 종이 뭉치가 케이 팩스 행성에서 온 외계인들이 작성한 인류학 보고서라는 것을 알고는 엄청나게 놀랐다.

케이 팩스 행성은 지구에서 빛의 속도로 천 년을 가야 닿을 수 있을 정도로 멀리 떨어져 있다. 외계인들은 자신의 행성인 케이 팩스를 '아름다운 고리'라고 불렀다. 그들은 대체 어떻게 지구에 왔을까?

게다가 문서는 한글로 적혀 있었다. 원래는 케이 팩스 언어로 쓰였을 글이 어떻게 한글로 번역되어 있는 것일까? 우리나라에 외계인들이 살고 있다는 의미일까? 케이 팩스 이주민이 후손들을 가르치기 위해 한글로 번역한 것일까?

정확한 사실은 알 수 없지만, 인류학을 공부하는 나로서는 이들이 인류의 다양한 문화를 너무나 잘 정리해 놓은 데다 외계인의 시선으로 본 지구인의 문화가 흥미로워서 그냥 묻어 둘 수가 없었다. 출판사에 원고를 들고 갔더니 출판사의 편집자도 매우 놀라워하며 이것을 책으로 출간하는 데 선뜻 동의했다.

　　이 보고서는 케이 팩스 행성의 학자나 공무원으로 추정되는 외계인이 지구 인류학자들의 기록을 토대로 만든 것이다. 그래서 잠깐 인류학이 무언지 소개할 필요가 있겠다.

　　인류학은 인간의 생각과 행위를 연구하는 학문이다. 다른 말로 하면, 인류의 문화와 사회를 연구한다. 정치학이 정치를 연구하는 학문이고 사회학이 사회를 연구하는 학문이라고 한다면 인류학은 인류, 곧 인간을 연구하는 학문이다.

　　인류학의 장점은 다루는 시간과 공간의 폭이 매우 넓다는 것이다. 역사학은 문자 기록이 남아 있는 시대부터 다룬다. 그와 달리 인류학은 인류를 다루는 학문이기 때문에 인류의 출현부터 오늘날까지를 대상으로 한다. 또한 정치학이나 사회학은 일정한 지역을 다루는 경향이 있지만, 인류학은 지구 전체에 사는 사람들을 대상으로 한다.

　　인류학에서 조사를 위해 흔히 쓰는 방법으로 '현지 조사'라는 것이 있다. 현지 조사는 학자가 현지, 그러니까 자기가 살고 있는 곳이 아닌 다른 지역에 가서 다른 환경에 놓인 사람들이 어떻게 생각하고 어떻게 살고 있는지 조사하는 것을 가리킨다.

이를 위해 인류학자는 낯선 지역으로 가서 일정 기간 동안 머무르며 그곳 사람들과 어울려 살게 된다. 이렇게 오랫동안 함께 지내면 겉으로는 드러나지 않던 의미까지 속속들이 살필 수 있게 된다.

과거 신라의 승려 혜초(704~787)는 10여 년 동안 인도를 순례하고 『왕오천축국전』을 썼으며, 중국 당나라의 승려 현장(602~664)은 중국 서쪽에 있던 여러 나라를 여행하면서 보고 들은 것을 기록해 『대당서역기』를 지었다. 이런 여행 책들도 외국이나 다른 지역에 대한 다양한 내용을 담고 있다. 그러나 한곳에 오랫동안 머물며 관찰한 것이 아니면 엄밀함이 부족하기 마련이다. 이를 보완하는 것이 바로 현지 조사다.

인류학은 이렇게 현지 조사라는 방법을 바탕으로 다른 지역에 사는 사람들의 생각이나 가치관, 세계관, 옷차림, 결혼 제도, 가족 제도 등을 관찰하고 분석하여 그들의 생각과 행위를 이해할 수 있도록 도와준다. 이때 생각이나 가치관, 세계관, 옷차림, 결혼 제도, 가족 제도 등을 한 마디로 문화라고 일컫는다. 그래서 인류학을 문화인류학이라고도 한다.

케이 팩스의 외계인들은 조용히 지구에 와서 지구인들과 어울려 살기 위해 인류학자들이 조사하고 연구한 것을 활용했다. 덕분에 지구의 인류가 어떤 생각을 하고 어떤 가치관과 세계관 등을 갖고 있는지, 말하자면 어떤 문화를 향유하며 생활하고 있는지 알고 지구에 자연스럽게 정착해서 살게 된 것으로 보인다.

이 보고서에 실린 글은 어떤 특정한 민족의 문화만을 다루지 않는다. 대개는 우리에게도 낯선 민족들의 문화를 다루고 있다. 따라서 독자들은 다양한 민족들의 흥미로운 문화를 통해 인류를 새롭게 이해하고 세계를 바라보는 폭넓은 시각을 갖출 수 있을 것이다.

우리 인류는 아직도 자기중심적이고 문화적으로 배타적이며 때로 자신과 다른 문화권에 폭력적인 태도를 취하기도 한다. 케이 팩스 외계인의 후손이든 지구인이든 이 책을 밑거름 삼아 자신의 모습을 되돌아볼 수 있다면 더 바랄 것이 없겠다.

이 책에 실린 삽화와 도판은 원래 외계인 문서에는 없던 것으로 출판사에서 독자를 위해 마련해 주었다. 그리고 저작권이 확인되기 힘든 글이니만큼 이 책의 수익금은 모두 '지구 평화와 인류 문화 증진을 위한 재단'에 기부한다는 점을 밝힌다.

과연 케이 팩스의 외계인들은 지구의 인류를 어떻게 바라보았는지, 그리고 우리는 또한 다른 지역에 사는 인류를 어떻게 볼 수 있을지 함께 따라가 보자.

2053년 9월

차 례

III 사회와 세계

●

'아름다운 고리'의 비극과 희망

마침내 그날이 오고 말았다. 영원할 줄 알았던 우리의 행성 '아름다운 고리'에서의 시간은 끝이 다가오고 있다. 이제 우리는 이곳을 떠나 어디론가 가야 한다. 대대로 살아오면서 정들었던 이곳을 떠나야 한다.

우리 행성에 문제가 생긴 것은 태양 때문이었다. 우리에게 빛과 열을 주던 태양이 늙어서 제구실을 못하는 바람에 큰 어려움이 생겼다. 먼저 매서운 겨울바람이 사나운 눈보라를 몰고 오면서 큰 강과 거대한 호수가 얼어붙었다. 얼마 후에는 뜨거운 사막과도 같은 여름이 우리를 덮쳤다. 숨이 턱턱 막히는 엄청난 열기 때문에 우리는 밖으로 나갈 수조차 없었다.

이렇게 혹독한 겨울과 여름이 되풀이되면서 지독한 흉년이 들었다. 우리는 먹을 것을 차지하기 위해 서로 싸우기 시작했다. 그때 마음을 하나로 모아 함께 살아갈 방법을 찾아야 했는데, 우리는 그저 싸우기만 했다.

처음에는 모르는 사람들과 싸웠지만 차츰 친구와 이웃까지 적이 되었다. 결국 참혹한 전쟁이 일어나 강과 바다는 피로 물들었고, 길에는 피투성이가 되어 쓰러진 시체들이 가득했다. 곳곳에서 악취가 풍기고 전염병이 나돌았다. 그때의 기록 가운데 이런 것이 있다.

별들 사이로 태양의 위협이 도사리고, 번갯불 사이에 달의 침울한 분노가 서렸다. 별들은 전쟁에 시달리고 신은 싸움을 부추겼다. 태양이 있던 자리에 기다란 화염이 반란을 일으켜 나타나고, 달에서는 뿔이 두 개 뻗어 나오더니 궤도를 잃어버렸다. (……) 별자리들도 궤도를 벗어나 사라졌다. (……) 하늘이 스스로 몸을 흔들어 싸우는 별들을 떨어뜨렸다. 별들이 아래로 떨어지자 대지가 불타고 바닷물은 이들을 급히 삼켰다. 그 뒤로 하늘에는 별이 나타나지 않았다.

세상이 완전히 변했다. 그렇게 세상이 완전히 뒤집히고 많은 사람들이 죽고 난 뒤에야 우리는 퍼뜩 정신을 차렸다. 이렇게 살다가는 모두 파멸하고 말리라는 위기감을 느꼈다. 살아남은 소수는 발전된 과학 문명을 활용해 우리가 살아갈 수 있는 새로운 땅을 찾아 나섰다. 그리고 마침내 우리가 사는 아름다운 고리만큼이나 멋진 지구라는 행성을 발견했다.

과학자들은 지구의 자연환경이나 생태 조건이 아름다운 고리와 비슷해서 무리 없이 정착할 수 있다고 결론을 내렸다. 그 소식이 전해졌을 때 우리는 모두 환희에 가득 차서 눈물을 흘렸다. 우리에게는 희망이 생겼고, 새로운 곳을 향한 설레는 마음은 날이 갈수록 부풀었다.

과학자들은 우리가 지구로 이주할 수 있도록 우주선을 만들었다. 그때 우리는 한 가지 문제가 있다는 걸 깨달았다. 우리가 지구에 대해 너무 모르고 있다는 사실이었다. 우리는 그곳에 사는 사람들이 어떤 생각을 하며 어떻게 생활하고 있는지 전혀 몰랐다.

우리의 발전된 과학 문명이라면 충분히 지구를 힘으로 지배할 수 있다. 그러나 오랜 다툼과 전쟁에 시달린 우리는 평화를 원했다. 서로 의심하며 싸우다가 피를 흘리는 일은 그만할 생각이었다. 우리는 지구를 공격할 마음이 전혀 없었다. 우리는 자연스럽게 지구인의 모습을 하고 그들처럼 살고 싶었다.

그래서 우리는 지구로 이주하기 전에 지구인들은 어떻게 살고 있는지 배우기로 했다. 아름다운 고리 이주 대책 위원회에서는 나를 포함한 몇몇을 선발대로 지구에 파견했다.

우리는 지구의 인류학자들이 작성한 자료를 토대로 지구인을 연구했다. 인류학은 지구인의 다양한 모습과 문화를 연구하는 학문이기에, 지구인에 대해 전혀 모르는 우리에게 참으로 유용했다. 인류학이 아니었다면 우리는 지구인에 관한 정보를 알

아내고 정리하느라 평생을 바쳐야 했을지도 모른다.

우리는 지구 인류학자들의 연구 덕분에 인간들의 생활 모습을 속속들이 파악할 수 있게 되었고, 그것을 한 권의 보고서로 만들었다. 이 보고서는 우리가 지구로 이주해서 자연스럽게 지구인처럼 살 수 있도록 도와줄 것이다. 우리는 지구인의 얼굴을 하고 지구인의 말을 사용할 것이며 지구인처럼 생각하게 될 것이다. 그것은 우리가 지구인이 된다는 것을 뜻한다.

이제 우리가 오랫동안 살아온 아름다운 고리와 작별 인사를 할 때다.

•

돌도끼와 쇠도끼

우리가 지구에 몰래 숨어 들어가 살려면 조심해야 할 것이 많다. 그 가운데 하나가 문명의 차이다.

우리가 과학 문명이 발달한 대도시에 사는 사람이라고 할 때, 지구는 돌도끼를 쓰는 석기 시대 사람이라고 할 수 있다. 우리가 지구로 가면 아마 타임머신을 타고 석기 시대로 갔을 때의 느낌과 비슷할 것이다.

이런 상황에서 만약 우리가 지금 모습 그대로 지구에 나타난다면 서로 다른 문화와 문명의 차이 때문에 큰 충돌을 일으킬 수 있다. 어쩌면 지구인들은 능력이 뛰어난 우리를 신이나 마법사로 숭배할지도 모르고, 우리를 상대로 전쟁을 걸지도 모른다. 그러나 우리는 단지 지구인이 되어 평화롭게 살고 싶을 뿐이다.

문제는 우리가 지구에 정착하는 과정에서 우리의 사소한 행동 하나가 지구인들에게 큰 영향을 끼칠 수 있다는 것이다. 우리는 서로 다른 문명권의 사람들이 만났을 때 일어날 수 있는 일을 로리스톤 샤프라는 인류학자의 연구에서 배웠다. 그 내용은 이렇다.

오스트레일리아의 케이프 요크 서해안 쪽에는 콜먼 강이 흐르고 있는데, 그 어귀에 이르요론트라는 부족이 살고 있었다. 이들은 19세기까지 수렵과 채집을 하며 살았다. 그러니까 동물을 사냥하거나 나무 열매 등을 따 먹으며 살았다는 뜻이다.

이르요론트 부족은 인근에 사는 다른 부족을 제외하면 바깥 세상과 교류가 거의 없었다. 18세기 중엽에 지구의 북반구에서는 산업혁명으로 큰 변화가 일어났지만, 고립되어 살고 있던 이르요론트 부족은 19세기까지 여전히 석기 시대에 머물러 있었다. 그러나 다른 한편으로 이르요론트 부족은 자기들만의 고유한 풍습과 관습을 유지할 수 있었다.

그런데 20세기에 들어서서 이르요론트 부족에게 엄청나게 큰 변화가 찾아왔다. 서구에서 온 백인 선교사들이 이르요론트 부족이 살고 있는 곳까지 찾아온 것이다.

선교사들은 교류하는 과정에서 이르요론트 부족에게 돌도끼가 매우 중요한 물건이라는 것을 알게 되었다. 그래서 그들의 호감을 사기 위해 발전된 문명의 산물인 쇠도끼를 선물했다.

돌도끼와 쇠도끼는 도끼라는 면에서는 다를 것이 없어 보이지만, 사실은 전혀 다른 물건이다. 인류가 돌도끼의 시대를 지나 쇠도끼를 쓰기까지는 수천 년이라는 세월이 걸렸다. 쇠도끼의 등장으로 이르요론트 부족은 수천 년의 시간을 단번에 건너 뛰게 된 셈이었다. 이로 인해 이르요론트 부족에게 벌어진 일은 엄청났다.

이르요론트 부족은 650킬로미터쯤 떨어진 곳에서 나는 돌로 돌도끼를 만들었다. 이르요론트 부족의 남자들은 돌을 얻기 위해 다른 부족과 교역을 해야 했다. 즉 돌도끼를 만들 수 있는 돌을 얻는 것은 쉬운 일이 아니었다. 또한 돌도끼를 만들려면 손잡이에 사용되는 나무, 돌도끼와 손잡이를 묶기 위한 나무줄기와 껍질, 아교가 필요했는데, 그것들을 만들려면 오랜 수련을 거쳐야 했다. 그리고 돌도끼 제작은 오직 남성들만 할 수 있었다.

이르요론트 부족의 남자아이들은 학교에서 공부를 하듯 어릴 때부터 돌도끼를 만드는 기술을 배워야 했다. 반면 여성들은 돌도끼를 만들거나 소유할 수 없었고, 번번이 남성들에게 순종적인 태도로 돌도끼를 빌려 써야 했다. 이런 과정을 거치면서 여성들은 남성들에게 종속되었다. 즉 이르요론트 부족은 돌도끼를 통해 남성들이 지배하는 사회를 만들었던 것이다.

이와 같이 이르요론트 부족에게 돌도끼는 도구 이상의 의미가 있는 물건이었다. 특히 남성들에게 돌도끼는 남성의 힘과 권위를 상징하는 물건이었다. 어릴 때는 돌도끼 만드는 방법을 배우면서 어른에 대한 존경을 배우고, 어른이 되어서는 돌도끼를 매개로 남성들만의 힘과 권위를 지켰다.

그런데 선교사들이 이르요론트의 여성들에게 쇠도끼를 선물하면서 질서가 깨져 버렸다. 이것은 선교사들이 이르요론쳐 부족에게 접근할 때 권위적인 남성들보다는 여성들이나 아이들과 먼저 접촉했기 때문에 빚어진 일이다. 선교사들은 부활절이나 크리스마스 같은 기념일에 예배에 자주 참석한 여성들에게 호의로 쇠도끼를 선물했던 것이다.

쇠도끼를 갖게 된 여성들은 이제 남성들에게 의존할 이유가 없었다. 오히려 남성들이 성능이 월등하게 뛰어난 쇠도끼를 여성들에게 빌려야 하는 처지가 되었다. 또한 남자아이들은 돌도끼를 만드는 기술을 배울 필요가 없어졌다. 그 탓에 어른을 존경하는 마음이나 사회 질서를 배울 수 있는 기회까지 사라졌다. 물론 성인 남성들도 전처럼 돌도끼를 만들 필요가 없어졌다.

이렇게 쇠도끼 하나가 오랜 세월 유지되어 오던 이르요론트 부족에게 큰 혼란과 변화를 불러왔다. 남성과 여성의 관계에 변화가 일어났고, 남성과 여성의 성 역할이 희미해졌다. 또한 남자아이와 여자아이가 어른이 되는 교육에 의문이 제기되고 가치관에 혼란이 왔다. 이 때문에 남성과 여성, 젊은이와 노인, 가족들 사이에서 다툼이 자주 벌어졌고 사회의 평화가 무너졌다.

이것이 다가 아니었다. 모든 것을 자급자족하던 이르요론트 부족이 쇠도끼 말고도 많은 것을 바깥세상에 의지하게 되었다. 이 때문에 그들만의 고유한 문화와 풍습이 급격히 사라지고 말았다.

세상은 늘 변화해 왔다. 또한 그래야 한다. 그러나 갑작스럽게 찾아드는 큰 변화는 엄청난 혼란을 불러일으킨다. 어떤 면에서는 시간을 두고 적응하면서 변화를 꾀할 필요가 있다.

돌도끼를 쓰던 사람들에게 갑자기 쇠도끼를 주는 것은 무척 위험한 일이다. 우리 아름다운 고리의 사람들은 선교사들과 같은 행동을 해서는 안 된다. 우리와 비교할 때 석기 시대 수준에 있는 지구 사람들에게 우리의 과학 문명을 전해서 그들의 삶에 큰 혼란을 주어서는 안 되기 때문이다.

지구의 과학 문명은 우리보다 한참 뒤처져 있지만, 다른 면에서는 우리보다 좋은 점이 많다. 예를 들면 우리 아름다운 고리에서는 우리 행성을 덮친 전쟁과 식량 위기 이후 음식을 간편하게 먹고 있다. 우리 몸에 필요한 영양소가 모두 들어 있는 지구의 쿠키 비슷한 것을 하루에 하나 먹을 뿐이다. 그런데 지구에서 먹은 과일은 무척이나 달콤했다. 먹는 것이 이렇게 행복하고 황홀한 즐거움을 안겨 준다는 것을 우리는 새삼 깨달았다.

또한 우리는 결혼을 하지 않기 때문에 가족이 없지만 지구에서는 인간이 결혼을 통해 서로 사랑하고 배려하며 정을 나누는 모습이 아주 보기 좋았다. 우리가 과학 문명을 발전시키기 위해 포기하고 없애 버린 것들이 지구에는 고스란히 남아 있다. 그래서 우리는 쇠도끼를 선물한 선교사가 아니라 돌도끼를 쓰는 원주민이 될 생각이다.

I

인류와
문화

인간과 문화 : 인간과 동물의 진정한 차이는?

우리가 먼저 알아야 할 것은 지구에 살고 있는 인간이다.

지구에 사는 생명체에서 인간을 생물학적으로 분류하면 동물계, 척추동물문, 포유강, 영장목, 인과, 인속, 사피엔스 종에 속한다. 이처럼 인간은 동물계에 속하기 때문에 동물과 여러모로 비슷하다. 침팬지나 오랑우탄 등 다른 영장류 동물들과 견주어 보면 골격을 이루는 뼈의 수가 같다. 게다가 유전자는 침팬지와 98퍼센트 이상 똑같을 정도다.

겨우 2퍼센트 남짓 되는 차이 때문에 인간은 동물원을 만들고, 침팬지는 동물원에 갇혀 인간들의 구경거리가 되고 말았다. 그러나 작은 구멍 때문에 댐이 무너지듯이 별것 아닌 차이가 큰 차이를 만들어 낸다.

그렇다면 어떻게 해서 인류는 다른 동물들이 이룩하지 못한 문명을 건설할 수 있었을까?

그 이유로는 먼저 직립 보행과 손의 사용을 꼽을 수 있다. 여느 동물들과 달리 서서 걸을 수 있게 되면서 자연스럽게 앞발이었던 두 손이 자유로워졌다. 게다가 손의 생김새는 엄지가 다른 네 손가락과 갈라져서 물건을 감싸 쥐거나 작은 물건을 집기에 편리했다. 직립 보행과 손의 사용 덕분에 인간이 도구를 발명하고 그것을 토대로 문명을 발전시킬 수 있었던 것이다.

직립 보행과 손의 사용도 중요하지만, 인간을 다른 영장류 동물과 구별 짓는 가장 큰 특징은 두뇌다. 그것은 다른 동물과 비교해 보면 금세 알 수 있다.

동물 가운데 머리가 좋은 쪽에 속하는 침팬지의 뇌 용량은 275~500cc, 고릴라는 340~750cc 정도다. 그런데 최초의 화석 인류인 오스트랄로피테쿠스의 뇌 용량은 450~700cc이며 직립 인간인 호모 에렉투스는 775~1,200cc, 네안데르탈인은 1,100~1,640cc, 현생 인류인 호모 사피엔스는 1,000~1,700cc 정도다. 그러니까 최초의 인류로 꼽히는 오스트랄로피테쿠스는 뇌의 용량만 따지면 오늘날의 고릴라와 비슷했다.

뇌는 주변에서 일어나는 많은 일을 기억하고 몸의 동작을 관장하는 힘이 있기 때문에 인류의 문화를 만들고 발전시키는 데 반드시 필요하다. 따라서 뇌가 커진다는 것은 문화의 발전과 그대로 직결된다. 무엇보다 뇌의 용량과 관계가 깊은 것은 언어다. 인간이 언어를 통해 다른 사람과 생각을 나누고 자유로이

의사소통을 할 수 있게 된 것은 용량이 커진 뇌 덕분이다.

참고로, 우리(외계인) 뇌의 용량은 4,000~5,000cc 정도다. 그 때문에 머리가 크다. 지구인이 우리 모습을 보면 삼등신이라고 놀릴지도 모른다. 우리 눈에는 막대처럼 긴 지구인들이 이상해 보이지만, 지구인들은 늘씬한 팔등신을 멋지다고 생각한다. 우리 가 지구인으로 생김새를 바꿀 때 주의해야 할 것 가운데 하나다.

이것은 우리로서는 엄청난 문화 충격이다. 선발 대원 가운데 하나는 이 때문에 지구인이 되기 싫다고 오만상을 찌푸리곤 했 다. 우리의 아름답고 고귀한 삼등신 몸을 버리고 긴 막대기를 닮은 몸으로 바꾼다는 것이 마음에 들지는 않지만 어쩔 수 없 는 일이다.

인류 문화의 토대를 만든 네안데르탈인

오늘날의 지구인과 비슷한 사람들, 즉 현생 인류라고 불리는 네안데르탈인이 지구에 등장한 때는 약 10만 년 전이다. 여기 서 현생 인류란 그들의 몸에 수북이 난 털을 모두 깎고 지구인 들이 입는 옷을 입혀 놓으면 오늘날의 지구인들과 구별하기 힘 들 만큼 닮고 뇌의 용량도 비슷하다는 것을 뜻한다. 다만 턱이 크고 얼굴이 좀 튀어나온 모습일 것이다. 그래서인지 네안데르 탈인은 지구의 만화에 원시인으로 자주 등장한다.

정확한 것은 알기 힘들지만, 네안데르탈인은 3만 5천 년 전까지 지구에 산 것으로 추정된다. 고고학의 분류에 따르면 네안데르탈인들이 살았던 시대는 구석기였다. 좀 더 엄밀하게 말하면 전기 구석기다.

네안데르탈인들이 사용하던 석기는 각각 기능이 다른 60여 가지가 있었다. 이렇게 전문화된 도구가 있었다는 것은 기술과 문화의 발전이 이루어졌다는 것을 뜻한다.

기술이 갑자기 발전하는 것은 여러 가지 이유로 그 기술이 필요해졌기 때문이다. 예를 들면 인구가 갑자기 늘어서 더 많은 양식이 필요해졌을 때가 그렇다. 지금까지 인류의 기술 발전을 살펴보면 기술이 꾸준히 발전해 온 것이 아니라 그것이 필요해졌을 때 기술이 발전한 것을 알 수 있다.

또한 네안데르탈인들이 죽음을 알고 있었다는 점에서 그들이 인류 문화의 토대를 이루는 종교의 초기적인 형태를 갖추고 있었다고 짐작할 수 있다.

네안데르탈인은 죽은 사람을 매장했고 무덤에 유물을 묻었다. 이라크에서 발견된 네안데르탈인의 한 무덤에서는 꽃이 발견되기도 했다. 현대의 지구인들도 매장을 하고 죽은 사람을 위해 꽃을 바친다.

한편 네안데르탈인이 멸종했는지 아니면 새로운 인류로 변했는지를 두고서는 의견이 엇갈리고 있다.

호모 사피엔스의 등장

오늘날 지구인과 동일한 인류인 호모 사피엔스가 지구에 나타난 것은 4만~3만 년 전의 일이다. 이들의 흔적은 오스트레일리아, 동남아시아, 유럽 등 지구 곳곳에서 발견되었다. 그러니까 어떤 특정한 지역에 몰려 살았던 것이 아니라 지구 여기저기에서 살았다는 뜻이다.

지구의 여러 지역에서 현재의 지구인들이 동시에 등장한 것은 수수께끼 같은 일이다. 그런데 호모 사피엔스는 이전에 살았던 네안데르탈인들과 사고와 문화가 달랐다. 이들은 어디에서 왔을까? 어쩌면 우리 아름다운 고리의 조상들이 지구로 이주한 것은 아닐까?

후기 구석기 시대의 유물 가운데 주목을 끄는 것은 동굴 벽화 같은 예술이다. 동굴 벽화에서 사냥에 성공하기를 기원하는 종교적인 측면과 인류와 동물의 관계, 상징에 대한 이해 등을 엿볼 수 있다.

이를테면 인류가 사냥에 성공하기 위해서는 사냥감이 되는 동물도 많아야 한다. 따라서 인류는 그 동물들도 새끼를 많이 낳기를 바랐을 것이다. 동물을 적으로 여기고 증오하는 것이 아니라 번성하기를 기원했을 것이다. 어쩌면 인류는 자신의 생존을 위해 동물을 죽였다는 죄책감에서 자기들도 죽어야 한다고 생각하며 죽음을 이해했을지도 모른다.

후기 구석기 사람들은 사냥감을 따라 끊임없이 이동한 것으

● 라스코 동굴 벽화
프랑스의 라스코 동굴에 구석기인들이 말, 소, 사슴 따위를 그려 놓았다. 주술적인 의미가 있는 것으로
보인다.

로 보인다. 그때는 농사를 짓지 않았기 때문에 주요 양식은 사
냥으로 얻는 동물이었고, 따라서 양식을 얻기 위해서라도 그 동
물들을 따라다닐 수밖에 없었다.

이때 가장 인상적인 이동은 시베리아에서 베링 해를 건너
아메리카 대륙으로 건너간 것이다. 시베리아에서 아메리카 대
륙으로 건너간 것이 정확하게 언제인지는 모르지만, 베링 해
가 사람들이 걸어서 건널 수 있을 정도로 얼었던 시기는 3만
6000~3만 4000년 전과 2만 8000~1만 3000년 전이었다. 아
마 이들은 주요 사냥감인 매머드를 따라 아메리카 대륙으로 건
너갔을 것이다.

아프리카에서도 3만 년 전의 호모 사피엔스의 유적이 발견되었고 남반구에 위치한 오스트레일리아에서도 3~4만 년 전의 유적이 발견된 것으로 보아 대대적인 이동이 있었다고 추측할 수 있다.

이처럼 오스트랄로피테쿠스부터 오늘날 지구인들의 조상인 현생 인류까지 이를 수 있었던 것은 언어와 지능이 발달하고 도구를 더욱 능숙하게 쓸 수 있었기 때문이다. 달리 표현하면, 언어와 상징 같은 정신적인 것과 도구로 대표되는 물질적인 것이 조화를 이루며 생활을 편리하게 만들었기 때문이다. 이것은 현대 사회에도 그대로 적용된다.

침팬지도 인류로 정의해야 한다?

그런데 인류만 도구를 사용했을까? 인류 가운데 도구를 처음 사용한 것은 약 150만 년 전에 살았던 호모 하빌리스다. 호모 하빌리스는 손을 사용할 줄 아는 능력이 있는 사람이라는 뜻이다.

그러나 도구를 본격적으로 활용한 것은 호모 하빌리스 이후에 나타나 25만 년 전까지 살았던 호모 에렉투스다. 호모 에렉투스는 직립한 사람이라는 뜻으로, 생김새가 유인원보다는 현대인에 가까웠다. 이들은 자연스럽게 걸을 줄 알았고 그 때문에 손을 자유롭게 쓸 수 있었다. 호모 에렉투스는 주먹 도끼나 돌도끼, 찍개 등을 사용했다. 그 뒤로 인류는 정교한 손놀림을 통해서 오늘날 볼 수 있는 뛰어난 문명을 만들어 낼 수 있었다.

그런데 동물원에 가면 인류와 비슷해서 유인원이라고 불리는 원숭이나 침팬지, 오랑우탄 등이 손으로 몸속의 이를 잡거나 과일을 손에 쥐고 먹는 모습을 볼 수 있다. 손을 활용할 수 있다는 것은 도구를 사용할 수 있는 잠재력이 있다는 것을 보여 준다. 또한 여러 동물들이 돌로 알을 깨서 먹는 등 도구를 활용하는 것이 발견되었다.

그렇지만 인류가 도구를 사용하는 것은 특별한 목적과 의도를 띠고 있다는 점에서 동물의 도구 활용과 구별되어야 한다는 생각이 오랫동안 인류학자들의 머릿속에 자리 잡고 있었다. 그러나 이런 생각은 영국의 동물 행동학자인 제인 구달(1934~)이 침팬지를 관찰한 결과를 세상에 내놓고 난 뒤 완전히 뒤집어졌다.

제인 구달이 오랫동안 관찰한 침팬지의 행동 가운데 주목받은 것은 침팬지가 사냥과 육식을 좋아한다는 사실, 그리고 흰개미 집으로 통하는 구멍 속에 가는 나뭇가지를 넣어 흰개미를 잡는다는 사실이었다. 침팬지는 나뭇가지의 껍질을 벗겨 내고 흰개미의 집에 넣은 다음 개미들이 끈끈한 수액이 묻어 있는 나뭇가지에 매달리면 나뭇가지를 꺼내 거기에 달라붙은 흰개미를 잡아먹었다.

침팬지가 가는 나뭇가지로 도구를 만들고 활용한다는 것은 충격적인 사실이었다. 얼핏 별것 아닌 것처럼 보이는 이 행동이

● 도구를 이용하는 침팬지
침팬지가 나뭇가지를 이용해 흰개미를 잡아먹는 모습이다. 인간만이 목적과 의도 아래 도구를 이용할
줄 아는 동물은 아니다.

왜 충격을 주었을까?

사실 나뭇가지를 벗긴다는 것은 특별한 의도가 있는 행위이
며, 또한 구멍에서 나뭇가지를 꺼내는 적절한 때를 가늠할 수
있다는 것은 오랜 훈련이 필요한 행위다. 그래서 제인 구달과
가까웠던 영국의 인류학자 루이스 리키(1903~1972)는 도구 사
용을 기준으로 삼는 인류의 정의를 다시 내리든가 침팬지를 인
류로 인정해야 한다는 말을 하기도 했다.

이렇게 보면 손과 도구의 활용이 인류의 특징을 설명하는 데
적합하지 않다는 결론에 이르게 된다. 호모 에렉투스에서 호모
사피엔스로 진화한 것처럼 오늘날의 침팬지가 먼 미래에 새로

운 인류가 될 가능성도 있다. 유인원이 인류를 지배하는 내용을
다룬 영화 〈혹성 탈출〉에서 보는 것처럼 말이다.

그러나 현재 유인원과 인류는 분명히 다르다. 따라서 그 차
이의 기준은 도구의 활용보다는 문화에서 찾아야 할 것이다.

화려한 문화의 꽃이 피다

인류가 농사를 짓게 된 것은 구석기가 끝나고 신석기에 들어
서부터였다. 식물을 재배하게 된 까닭은 확실하지 않지만, 농사
를 지어 양식을 얻게 되면서 인류 사회는 크게 변했다.

가장 눈에 띄는 변화는 인구의 급격한 증가다. 둘째는 인류
가 더 이상 사냥감을 따라 이동하지 않고 정착해서 살게 되었
다는 점이다. 사람들이 한곳에 정착하면서부터 오랜 시간에 걸
쳐 도시가 만들어지게 된다.

처음으로 큰 도시들이 나타난 곳은 산악 지대가 아니라 하천
유역이었다. 하천 유역은 농사를 짓고 그 수확물로 많은 인구를
부양하기에 유리했기 때문이다.

도시의 출현은 인류의 생활을 크게 바꾸어 놓았다. 즉 도시
는 본격적인 문명의 발전을 가져왔다.

문명의 가장 큰 특징은 문자 체계를 갖춘 세련된 문화다. 문
자 체계를 바탕으로 지식 체계가 생겨나고 예술과 과학, 종교에
관한 지식이 정교하게 다듬어졌다. 이것들은 사람들이 한자리

● 문명의 토대가 된 문자

왼쪽 위부터 시계 방향으로 이집트 상형 문자, 수메르 쐐기 문자, 티베트 문자, 중국 갑골 문자다. 인간은 문자 체계를 발전시킴으로써 시간과 공간을 넘어 의사소통을 할 수 있게 되었다.

에 모여 살 수 있는 기초가 되는 것들이다.

도시는 많은 사람들이 모여 산다는 점에서 법과 질서 같은 규칙이 필요하다. 또한 식량과 물을 공급하기 위한 조직이 있어야 하며, 고립되어서는 생존하기 힘들다는 점에서 교역 체계도 있어야 한다. 결국 도시라는 공동체를 유지하고 운영하기 위해 필요한 조직과 체계가 많아진다. 이러한 것들을 갖추어 가는 과정에서 중앙 집권적인 정치 제도가 등장하는데, 그것이 훗날 국가의 형성으로 이어진다.

사회는 단순한 상태에서 복잡한 상태로 진화한다?

그렇다면 지구인들의 문명과 문화는 어떻게 발전해 왔을까? 그에 관한 설명으로 진화론과 전파론이라는 논의가 있다.

진화론은 생물이 자연과 생활 환경에 적응하는 과정에서 진화를 해 왔으며 잘 적응한 것은 살아남고 적응하지 못한 것은 사라진다고 본다. 진화론을 체계적으로 주장한 이는 영국의 생물학자 찰스 다윈(1809~1882)이다.

생물의 이러한 진화를 사회에 적용해서 주장한 이가 허버트 스펜서(1820~1903)이며, 그의 주장을 사회진화론이라고 부른다.

스펜서는 사회도 생물처럼 성장한다고 보았다. 즉 사회가 성장할수록 규모가 커지고 기능이 복잡해진다고 보았다. 작은 규모의 사회보다 큰 규모의 사회가 더 성장한 것이며, 단순한 사회보다 복잡한 사회가 더 성장한 사회라고 본 것이다. 스펜서는 이러한 사회의 성장이 발전이며 진화라고 주장했다.

이러한 주장에 따르면, 아프리카나 남태평양의 부족 사회보다 뉴욕이나 런던과 같은 대도시가 더 진화한 사회가 된다. 또한 유럽은 가장 진화한 곳이 되고 아프리카나 아시아는 덜 진화한 곳이 된다.

이 생각은 발전된 유럽 사회가 미개한 아시아나 아프리카 사회를 성장할 수 있도록 가르치고 이끌어 주어야 한다는 생각으로 이어졌다. 심지어 유럽이 아프리카나 아시아를 식민지로 삼아 지배하는 것을 합리화하는 논리로 사용되었다. 사회진화론이 침략의 도구로 활용되었던 것이다.

그런데 과연 그러한 변화가 성장이며 진화일까? 그렇다면 우리 아름다운 고리가 지구보다 더 진화한 행성이니 우리가 지구를 침략해서 지구인들을 지배해도 될 것이다. 그러나 우리는 지구를 지배할 마음이 없다.

사회는 단순한 상태에서 복잡한 상태로 변하기도 하지만, 복잡한 상태에서 단순한 상태로 변하기도 한다. 또한 생물이 성장만 하는 것이 아니라 쇠퇴하기도 하듯이, 사회는 진보만 하는 것이 아니라 퇴보하기도 한다. 그동안 사회진화론은 여러 비판을 받았고, 지금은 그런 주장을 하는 사람이 거의 없다.

문화는 중심부에서 주변부로 전파된다?

문명과 문화의 발전에 관한 또 다른 주장 가운데 하나는 전파론이다. 전파론은 문화 변동이 전파에서 일어난다고 본다. 즉 호수에 돌을 던지면 파문이 생겨 퍼져 나가는 것처럼, 뛰어난 문명과 문화가 주변의 낙후된 지역으로 퍼져 나간다는 주장이다.

따라서 전파론이 성립되려면 일단 중심적인 역할을 하는

● 마야 달력

마야족은 천문 관측 능력이 매우 뛰어나 정밀한 달력을 발전시켰고, 그 성과를 태양신에게 바쳤다. 사진은 태양신에게 바치는 달력이다. 가운데에 태양신의 얼굴이 그려져 있고, 바깥쪽에 날짜와 연대가 그림 문자로 적혀 있다.

문명이 있어야 한다. 그리고 햇살처럼 주변 지역으로 문화가 퍼져 나가게 된다. 중국을 중심으로 하는 한자 문화권 등 지리적으로 가까운 지역에 사는 사람들이 서로 비슷한 문화를 이루고 있는 것이 이 때문이라고 설명한다. 이 주장 또한 그럴듯하다.

그런데 중심이 되는 문명이 모든 면에서 뛰어나다고 단정 짓기는 어렵다. 예를 들어 남아메리카의 마야 족은 유독 역법(달력)과 관련해서는 능력이 탁월했지만 문화의 다른 측면에서도 모두 탁월했는지는 의문이다. 인간도 모든 것을 잘하는 사람은 없다.

그리고 전파론 또한 진화론과 마찬가지로 문화를 뛰어난 문화와 미개한 문화로 나눈다는 면에서 문제가 있다. 즉 중심이 되는 문명이나 문화가 있고 그것이 주위로 퍼져 나가 영향을 끼친다는 생각은 중심이 되는 뛰어난 문명이 주변의 미개하고 열등한 문명을 지배하고 지도해야 한다는 생각으로 이어지기 쉽다.

보통 사람들이 살아가는 생활을 문화라고 할 때, 우수한 문화나 열등한 문화가 따로 있다는 생각은 설득력이 없다. 앞에서 말한 것처럼 과학 문명은 우리 아름다운 고리가 훨씬 뛰어나고 그것을 이용한 군사력도 우리가 훨씬 뛰어나지만, 우리가 지구인이 되기로 결심한 까닭은 우리가 지니지 못한 아름답고 훌륭한 것을 지구인이 지녔기 때문이다. 그래서 우리의 모든 문화가 지구의 문화보다 더 뛰어나다고 생각하지 않는다. 그것은 인류학자들의 생각과 다르지 않다.

문화는 변화하고 교류한다

진화론과 전파론은 자칫 문화의 우열을 가릴 수 있다는 점에서 조심스럽게 접근해야 하는 주장이다. 게다가 진화론은 인류를 중심에 둔 생각이다. 자연 또는 동물의 처지에서 인류가 오스트랄로피테쿠스에서 호모 사피엔스로 바뀐 것을 진화라고 생각할까? 인류가 더 뛰어난 존재가 되었으므로 인간에게 복종하고 지배를 받아야 한다고 생각할까?

대홍수라든가 빙하기 같은 자연환경 변화나 인구 증가 등에 따라 인류의 삶은 끊임없이 변화해 왔다. 진화를 거쳐 발전한 것이 아니라 다양하게 변화한 것이다. 발전이나 진화라는 표현을 '변화'로 바꾸면 뛰어남과 열등함의 구분이 사라진다. 누군가 뛰어난 사람이 있다면 반드시 열등한 사람이 생기게 마련이다. 이렇게 구별하면 반드시 차별이 생긴다. 발전이나 진화가 아니라 변화로 받아들이면 차별이 줄고 다른 문화를 인정하고 존중하는 마음은 커진다.

문화는 중심에서 주변으로 일방적으로 전해지는 것이 아니다. 서로 교류하면서 주고받는 것이다. 인류는 끊임없이 교류하면서 사회와 삶을 변화시켜 왔다. 따라서 발전이나 진화라는 말 대신 변화, 전파라는 말 대신 교류라는 말을 써야 할 것이다.

발전이라는 말에는 기준이 있어야 한다. 그 기준에는 과학 문명도 있지만 행복이나 사랑 같은 것도 있다. 우리가 살던 아름다운 고리는 과학 문명은 뛰어났지만 행복과 사랑이 사라진 곳, 좀 더 구체적으로 말하면 달콤한 과일이 주는 황홀한 맛이 사라진 곳이었다. 과학 문명의 발전이 반드시 인류를 행복하게 해 주는 것은 아니다. 무엇을 기준으로 삼느냐에 따라 발전과 퇴보가 전혀 다르게 평가될 수 있다.

사실 우리는 처음 지구를 발견하고 지구를 지배할 마음도 있었다. 그럴 수 있는 힘이 있었다. 그러나 그 마음을 접은 이유는 위와 같은 인류학자들의 생각 때문이었다. 시대나 지역에 상관없이 모든 인류는 변화와 교류를 통해서 늘 최선을 다해 살아 왔다는 인류학자의 가르침이 우리를 깨우쳐 주었던 것이다.

누가 더 뛰어나거나 미개한 것이 아니라 주어진 환경에서 최선을 다해 살고 있다는 점에서 모든 인류의 문화는 시대나 지역에 상관없이 존중받고 인정받아야 한다. 인류학에서는 그것을 문화상대주의라고 일컫는다. 문화상대주의에 관해서는 3장에서 다시 다룬다.

문화화와 상징 : 인간의 탈을
쓴 늑대

우리가 지구로 이주하려면 지구인의 문화에 익숙해지도록 엄청난 노력을 기울여야 한다. 그래야 우리가 전혀 다른 문화에서 오는 충격을 극복하고 자연스럽게 지구인이 될 수 있다.

그것은 지구인들도 다르지 않다. 유학이나 이민 등을 계기로 자기가 태어난 곳이 아닌 다른 나라에서 살게 될 경우 문화적 충격이나 이질감을 느끼게 된다. 그것을 극복하지 못하면 새로운 사회에서 살아가기 힘들다.

지구에는 '로마에 가면 로마의 법을 따라야 한다.'는 속담이 있다. 이 말은 로마에 가면 로마 사람들의 문화와 규칙에 따라야 한다는 뜻이다. 우리도 지구에 가면 지구의 문화와 규칙에 따라 살아야 한다.

이렇게 한 사회의 문화와 규칙을 익히는 것을 '사회화' 또는

'문화화'라고 한다. 아이들은 태어난 뒤에 이런 사회화와 문화화를 거치면서 그 사회에서 살 수 있는 성인으로 성장해 간다. 만약 이런 과정을 거치지 않으면 어떻게 될까?

인간의 탈을 쓴 늑대

갓난아이가 이리나 늑대 같은 짐승의 젖을 먹으며 짐승들에게 키워진다면 과연 어떤 일이 벌어질까? 그 아이는 이리일까 사람일까?

이와 관련된 흥미로운 소설이 하나 있다. 지구에서 가장 유명한 상인 노벨 문학상을 받은 러디어드 키플링(1865~1936)의 『정글 북』이라는 소설이다. 이 소설은 늑대 젖을 먹고 자란 소년이 늑대 사회와 인간 사회 사이에서 겪는 모험을 흥미롭게 다루고 있다. 물론 그것은 소설에서나 가능한 일이다.

그런데 소설 속 주인공과 같은 아이들이 실제로 세상에 나타났다. 1920년 인도에서 늑대의 젖을 먹고 늑대들 사이에서 자란 아이 둘이 발견된 것이다.

사람들은 아이들이 인간 사회에서 살아갈 수 있도록 도와주려고 했다. 목사며 교육학자들이 여러모로 애를 썼다. 그렇지만 아이들은 인간 사회에 적응하는 데 성공하지 못했다. 한 아이는 1년 만에 죽었고, 다른 아이도 9년밖에 더 살지 못했다. 9년을 더 산 아이는 45개 단어와 음식을 먹을 때 포크를 사용하는 정도밖에 배우지 못했다.

어릴 때부터 인간 사회에 살면서 사회화 또는 문화화 과정을 거치지 못했기 때문에 나이를 먹어도 사람 구실을 할 수 없었던 것이다.

2001년 남아메리카의 칠레에서는 개들과 함께 사는 소년이 발견된 일도 있었다. 이 소년은 태어나자마자 부모에게 버림받아 암캐의 젖을 먹고 자랐다. 그리고 개들과 함께 10년이 넘게 지냈다. 당연히 사람의 말은 알아듣지도 못하고 하지도 못했다. 그저 개처럼 으르렁거릴 뿐이었다.

이런 사실들은 사회화 과정이 얼마나 중요한지를 보여 준다.

빨간불은 왜 멈춤일까?

통행량이 많은 도로 네거리에 신호등이 없다면 어떻게 될까? 차들은 뒤엉키고 말 것이다. 서로 먼저 가려고 경적을 울리고 사람들은 소리를 지를 것이다. 다행히 도로 곳곳에는 신호등이 있어서 차들이 서로 부딪치지 않고 다닐 수 있다.

잘 아는 것처럼 신호등 색깔은 세 가지다. 빨간불이 켜지면 멈춰야 하고 파란불이 켜지면 지나가도 좋다. 그리고 빨간불이 켜지기 전에 경고라도 하듯 노란불이 들어온다.

그런데 빨간불은 왜 멈춤을 뜻할까? 신호등은 문화화와 깊은 관계가 있다. 빨간불이 멈춤 신호가 된 것은 빨간색의 이미지 때문이다. 빨간색을 보고 떠올리는 이미지는 크게 둘로 나뉜다. 하나는 피다. 피는 위험을 상징한다. 피를 많이 흘리면 사람은 죽는다. 그래서 위험을 뜻하는 빨간색이 멈춤 신호가 되었다.

그러나 빨간색에서 피만 떠오르는 것은 아니다. 빨간 드레스를 입은 여성은 피의 이미지 때문이 아니라 빨간색에 담긴 열정의 이미지 때문에 빨간 드레스를 선택한 것이다. 또한 빨간색 드레스를 입은 아름다운 여성 주위로 남성들이 모이는 것은 열정이 자극받기 때문이다.

신호등의 빨간색은 기호다. 그리고 피나 열정을 빨간 신호등이나 빨간 드레스로 표현할 때 그것은 상징이 된다.

기호는 변하지 않는다. 신호등의 빨간불이 오늘은 멈춤이었다가 내일은 열정적으로 달리는 것을 의미한다면 도로는 아수라장이 될 것이고, 사고로 빨간 피가 도로를 적실지도 모른다.

그런데 상징은 변한다. 즉 빨간색이 위험을 뜻하는 피의 상징으로 고정되어 있는 것이 아니라 빨간 드레스일 때는 뜨거운 열정을 상징하는 것으로 변한다.

상징은 고정되어 있지 않고 기호는 고정되어 있다. 지구에서 사람들이 가장 널리 사용하는 기호는 언어다. 숲의 나무를 오늘은 '나무' 또는 'tree'라고 부르다가 내일은 '꽃' 또는 'flower'라고 부르게 되면 도로가 아수라장이 되는 경우처럼 서로 의사소통을 할 수가 없게 된다.

인류가 동물과 결정적으로 차이가 나게 된 것은 도구의 사용

이 아니라 언어의 사용 때문이다. 언어를 사용하면서부터 손짓
과 발짓이 아닌 말로 소통할 수 있게 되었고, 자기가 체험한 것
을 글로 기록할 수 있게 되었다. 이 말과 글은 인류가 독자적인
문명의 길을 가도록 이끌었다.

동그라미가 왜 사람의 얼굴일까?

지구의 상징에 대한 이야기는 이해하기가 쉽지 않았다. 우리
아름다운 고리의 선발 대원들도 처음에 도무지 모르겠다며 머
리를 가로저었다. 그 이유는 나중에 알게 되었는데, 우리 아름다
운 고리 사람들이 과학적 사고에 지나치게 익숙해져 있었기 때
문이다. 과학은 합리적이고 논리적인 측면이 강해서 기호에 대
한 이해는 비교적 뛰어나지만, 끊임없이 변하는 상징에 대해서
는 취약하기 때문이다. 기호와 상징은 쉽게 이해할 수 있는 것
이 아니지만 간단하게 살펴보면 이러하다.

백지에 먼저 동그라미를 그린 뒤 위쪽에 가로로 줄을 두 개
긋고 조금 아래 중앙에 세로로 줄을 한 개 그은 다음, 다시 그
아래 중앙에 가로로 줄 하나를 그어 보자. 이 그림은 무엇을 뜻
할까?

이 그림을 길을 가는 지구인들에게 보여 주고 무언지 물어보
면 거의 대부분 '사람' 또는 '사람 얼굴'이라고 대답할 것이다.

그런데 동그라미 하나와 네 개의 줄을 그어서 그린 그림이

어떻게 사람일까? 사람 얼굴과 견주어 보면 머리카락도 없고 귀도 없으며 눈썹도 없고 눈동자도 없다. 그리고 사람 얼굴에 있는 입이나 코, 눈 등은 선이 아니다. 그런데 지구인들은 어떻게 그것이 사람 얼굴이라고 생각할까? 그것은 상징을 이해하기 때문에 가능해지는 일이다.

화장실 표시도 마찬가지다. 화장실에는 두 개의 입구가 있다. 그곳에는 각 나라 언어로 '남성'과 '여성'이라고 적혀 있다. 그것을 보고 남성이라면 남성이 적혀 있는 입구로 들어가고, 여성이라면 여성이라고 적혀 있는 입구로 들어가면 된다.

그런데 만약 그 나라의 언어를 모르는 외국인이라면 어떻게 해야 할까? 그러니까 '남성'과 '여성'이라는 글자를 읽을 수 없다면 어떻게 자기 성별에 맞는 화장실 입구를 찾아낼 수 있을까?

간단하다. 그림을 보면 알 수 있다. 지구의 화장실에는 보통 남성 화장실 입구에는 파란색 양복을 입은 사람이, 여

● **추상적으로 표현한 인간의 얼굴**
인간의 얼굴 모습과 똑같이 닮지 않았어도 인간은 상징을 이해하는 능력이 있기 때문에 이것을 얼굴로 인식할 줄 안다. 고대 그리스의 조각으로, 기원전 2500년경의 작품이다.

성 화장실 입구에는 붉은색 치마를 입은 사람이 그려져 있다. 글자를 읽지 못해도 그림을 보고 자기가 들어갈 입구를 찾을 수 있다.

그러나 실제로 거리에 나가 보면 붉은색 치마를 입고 있는 여성을 발견하기란 쉽지 않다. 바지를 입은 여성도 많다. 또한 파란색 양복을 입은 남성을 보기란 어렵다.

사실 파란색 양복을 입은 남성과 붉은색 치마를 입은 여성은 다른 것으로 바뀌어도 상관이 없다. 그것은 상징이기 때문이다. 남성을 표현하는 다른 그림으로 바꾸어도 된다는 말이다. 남자아이가 서서 오줌을 누고 있는 그림을 붙여 놓아도 대부분의 사람들은 그곳이 남성 화장실이라는 것을 안다.

동그라미에 그린 네 개의 선이 얼굴을 뜻하고 파란색 양복이 남성을 뜻한다는 것을 알 수 있는 이유는 그것들이 상징이기 때문이다. 문화화는 바로 이러한 상징을 이해하는 것이다.

지구에서 가장 부유한 나라인 미국에서 가운뎃손가락을 치켜드는 것은 상대방에게 욕을 하고 모욕을 주는 행위다. 그런데 미국 문화를 접하지 않은 사람들에게 가운뎃손가락을 치켜들어도 무슨 뜻인지 모른다. 그것은 가운뎃손가락에 담긴 상징을 이해하지 못하기 때문이다. 그 사회에서 통하는 욕을 모르면 화가 나도 상대에게 욕을 할 수 없는 것이다.

우리가 지구의 어디에서 살게 될지는 모른다. 그것은 각자 선택할 일이다. 다만 정착지를 정하게 되면 상징을 이해하는 문화화가 먼저 이루어져야 한다. 그래야 인간의 탈을 쓴 외계인이 되지 않을 것이다.

집을 짓는 비버와 집을 짓지 못하는 인간

그렇다면 구체적으로 상징은 어떤 작용을 할까? 집을 지을 줄 아는 비버와 역시 집을 지을 줄 아는 인류를 비교해 보자. 비버와 인류는 집을 지을 줄 안다는 공통점이 있다. 그러나 결정적으로 다른 점이 하나 있다.

비버는 그들의 조상들이 지었던 집과 똑같은 집을 아직도 짓는다. 비버는 물속에 댐을 만들고 그 속에 보금자리를 만든다. 그것은 비버에게 댐을 짓고 보금자리를 만드는 유전자가 있기 때문이다. 그래서 비버는 건축학이나 목수 일을 배우지 않고도 본능적으로 자기 보금자리를 지을 줄 안다.

그런데 인류는 집을 지을 줄 아는 유전자를 갖고 있지 않다. 구석기 시대에 인류는 집을 짓지 못하고 동굴 같은 곳에서 살았다. 집 짓는 면에서 보면 인류는 비버보다 못한 존재다.

그런데 오늘날 지구인들에게는 모두 집이 있다. 게다가 매우 다양한 형태의 집에서 살고 있다. 집을 만들 줄 아는 유전자가 없는 인류가 어떻게 집을 지을 수 있게 되었을까?

그것은 인류가 집에 대한 생각을 갖고 있기 때문이다. 비버는 집에 대한 생각이 있는 것이 아니라 본능적으로 집을 지을 줄 알 뿐이다. 그렇지만 인류는 집에 대한 생각을 갖고 있기 때문에 다양한 형태의 집을 지을 수 있다. 그래서 인류는 풀로 엮은 초막부터 아파트, 빌딩, 심지어 거대한 피라미드까지 세웠다.

이집트의 피라미드는 잘 알려진 것처럼 죽은 사람의 집, 즉 무덤이다. 피라미드 같은 무덤은 죽음에 대한 생각과 집에 대한 생각이 결합한 건축물이다. 상징이 뒷받침되는 생각은 이렇게 서로 결합해서 새로운 것을 만들어 낸다. 그래서 비버는 늘 똑같은 집을 짓지만 인류는 다양한 형태의 집을 지을 수 있는 것이다.

그것은 동그라미에 줄을 몇 개 그으면 그것이 사람이라고 생각할 줄 아는 그 힘에서 나온 것이다. 비버는 집에 대한 생각이 없기 때문에 집을 설계할 줄 모른다. 다른 말로 하면, 비버에게는 동그라미에 줄 몇 개가 그어진 것을 사람이라고 생각할 줄 아는 힘이 없다.

인류에게는 호랑이처럼 날카로운 이빨과 발톱, 치타처럼 빠른 달리기 실력, 새처럼 날 수 있는 능력, 곰처럼 강한 힘이 없다. 그런데 그들을 동물원에 가두고 구경거리로 만들 수 있었던 것은 이런 상징을 이해하는 능력을 키웠기 때문이다.

문화상대주의와 교류 : 서로 다른 문화가 만나면?

지구인들은 동양과 서양 사람들이 조금씩 생긴 모습이 다르고 대륙에 따라 피부 색깔도 다르다. 지구인들이 피부색을 놓고 차별한다는 것을 알았을 때 우리는 한참을 웃었다. 우리가 보기에 별 차이도 없는데 피부색으로 계급을 나누고, 피부가 검은 노예들을 놓고 미국에서는 전쟁을 벌이기까지 했다는 사실을 알고 얼마나 어이가 없던지.

지구인들은 우리 아름다운 고리의 사람들이 피부색을 마음대로 바꿀 수 있다는 것을 알면 아마 기절할 것이다. 우리는 날씨와 자기 기분에 따라 피부색을 마음대로 바꿀 수 있다. 그것은 지구인들이 날마다 다른 옷으로 갈아입는 것과 비슷하다.

아무튼 지구인이나 우리나 얼굴이 같은 사람은 없다. 그것은 문화도 마찬가지다. 한 사회에서 같은 언어를 쓴다고 해도 지역에 따라 사투리가 생기고 집단마다 은어를 달리 사용하는 것처럼 문화도 조금씩 차이가 난다. 그리고 여러 가지 원인에 따라 문화가 변화한다.

지구에서 가장 인구가 많은 나라인 중국에는 이런 말이 있다. '강남의 귤을 강북에 심으면 탱자가 된다.' 같은 씨앗을 뿌려도 토양과 환경에 따라 열매가 달라진다는 뜻이다.

아름다운 고리와 지구의 문화가 다르다는 것은 두말할 나위도 없고, 지구 안에서도 수많은 사회마다 독특하고 고유한 문화가 있다. 그런데 지구인들 중에는 아직도 문화에 우열이 있다고 생각하는 이들이 있다. 서양 문화가 뛰어나고 동양 문화가 뒤처져 있다고 생각하는 것이다. 결론부터 말하면, 그것은 무척이나 어리석은 생각이다.

그것은 얼굴만 보고 사람을 판단하는 것과 비슷하다. 그 사람의 생각, 가치관 또는 웃는 모습이나 다른 사람들과의 관계 등 사람을 판단하는 요소가 엄청나게 많은데 얼굴만 보고 판단하는 것은 어리석다. 그런데 우리가 입수한 정보에 따르면 요즘 지구에서는 얼굴이나 겉모습만을 보고 사람을 판단하는 경우가 많다고 한다.

그렇다면 다른 사람의 얼굴, 즉 다른 사회의 문화를 어떻게 대하고 어떻게 받아들여야 할까? 내가 가진 문화를 인정받고 싶은 만큼 다른 사회의 문화를 인정하고 수용하면 된다. 그리고 문화의 차이가 그 사회의 능력이나 기술에서 오는 것이 아니라 자연환경과 풍토 등에서 오는 것임을 이해하면 된다. 말하자면 다른 사회의 문화를 그 사회 구성원의 눈으로 받아들이고 이해하려는 자세가 중요하다.

서로를 인정하는 문화상대주의

우리 아름다운 고리의 선발대가 지구에 가서 맨 처음 보고 느낀 점은 지구인들이 미개하고 낙후되었다는 것이었다. 가장 눈에 띄는 것은 낮은 과학 수준이었다. 그러나 우리는 지구에 정착하겠다는 의지가 강했기 때문에 그런 선입견을 버리고 지구와 지구인들을 이해하기 위해 인류학자들의 보고서를 보며 연구하기 시작했다.

그 과정에서 우리는 중요한 사실 하나를 깨달았다. 그것은 우리가 최선을 다해 살아온 것처럼 지구인들도 최선을 다해 살아가고 있다는 것이었다. 과학 수준이 낮은 것이 우리가 뛰어나다는 증거가 되지 않는다는 것, 그리고 우리와 지구의 문화가 다르고 그것을 그대로 인정하는 자세가 중요하다는 것도 알았다. 인류학에서는 그런 것을 '문화상대주의'라고 한다.

문화상대주의의 핵심은 문화의 다양성을 인정하고 서로 존중해 주어야 한다는 것이다. 모든 문화는 그 지역의 환경과 역사, 사회 상황에 따라 변화해 왔다. 따라서 이방인의 눈에 이상하게 보이거나 심지어 야만적으로 보이는 것도 그 지역의 환경과 역사, 사회 상황에서 저마다 이유가 있어 생겨난 것이다.

티베트의 전통 장례인 조장을 예로 들어 보자. 조장은 사람이 죽으면 독수리에게 사람의 살점을 뜯어 먹게 하고, 남은 뼈를 갈아서 그것마저 그들의 전통 음식에 섞어서 독수리에게 먹이는 장례 방식이다. 따라서 죽은 사람의 몸은 하나도 남지 않는다.

티베트를 여행했던 서양 사람들은 이 장례를 목격하고 경악을 금치 못했다. 죽은 사람의 몸을 독수리에게 먹인다는 것은 그들의 문화에 비추어볼 때 상상도 못할 일이었다. 여행객들이 찍은 사진을 통해 그 사실을 알게 된 서양 사람들은 조장이 죽은 사람을 모욕하는 일이며 야만적인 행위라고 비난했다.

서양뿐 아니라 티베트를 무력으로 장악한 중국도 마찬가지였다. 중국의 문화 혁명기(1966~1976)에 티베트로 간 중국의 군대는 조장을 야만적이라 여기고 금지시켰다. 이를 어기면 혹독한 벌을 주거나 죽이기까지 했다.

그런데 조장이 시체를 모욕하는 일이라거나 야만적이라는 생각은 조장을 직접 치르는 티베트 사람들의 생각이 아니라 그것을 바깥에서 지켜보는 사람들의 생각이다. 왜 조장을 하는지에 대한 이해 없이 섣부르게 자기들의 관습과 문화에 비추어 야만적이라고 비난한 것이다.

인류학은 모든 인류가 늘 최선을 다해 살아왔다고 믿고 왜 그들이 그런 문화를 이루게 되었는지 관심을 기울인다. 따라서 왜 티베트 사람들이 오랫동안 조장을 해 왔는지를 먼저 묻는다.

지구인들이 죽은 사람의 몸을 땅에 묻는 이유, 즉 매장을 하는 가장 큰 이유는 죽은 몸이 자연스럽게 흙으로 돌아가게 만들기 위해서다. 그래서 죽는 것을 '흙으로 돌아간다.'고도 표현하는 것이다.

그런데 티베트는 매우 건조한 지역이다. 그래서 다른 지역에 사는 사람들처럼 죽은 사람의 시체를 땅에 묻는다면 시신이 오랫동안 썩지 않고 남아 있을 것이다. 자연스럽게 사라져야 할 것이 그대로 남아 있다는 것, 그것이야말로 죽은 사람에 대한 모욕이다. 그래서 티베트 사람들은 조장을 생각해 낸 것이다. 실제로 티베트에서는 끔찍한 범죄를 저지른 사람을 땅에 묻는다. 땅에 묻는 매장이 오히려 벌인 셈이다.

따라서 조장이라는 장례 문화는 시체를 모욕하기 위한 것도 아니고 야만적인 것도 아니다. 티베트의 자연환경에 가장 잘 어울리는 장례 방법이다. 티베트에서는 조장이라는 말보다는 하늘 장례, 즉 천장이라는 말을 더 많이 쓴다. 죽은 사람이 독수리에 의해 하늘로 올라간다고 믿기 때문이다. 이처럼 조장은 티베트 사람들에게 가장 적합한 장례 방법이다.

문화상대주의는 모든 문화에 적용된다. 먹는 것, 입는 것을 비롯해서 인류가 누리는 문화 전체를 상대주의의 관점에서 바라볼 필요가 있다. 그렇게 생각하면 어떤 특정한 문화가 뛰어나고 또 어떤 특정한 문화가 미개하고 열등하다는 생각 따위는 발을 붙일 수 없게 된다.

예전에는 한국의 독특한 음식인 김치를 냄새가 심하고 불결하다고 생각하는 외국인이 많았다. 그러나 이제는 세계에서도 건강식품으로 손꼽으며, 김치를 즐기는 사람들이 점차 늘고 있다. 그것은 김치가 달라진 것이 아니라 문화를 대하는 자세가 달라졌기 때문이다.

문화상대주의는 우리가 다른 문화를 대할 때 갖춰야 할 기본자세다. 아름다운 고리에서 지구로 이주해야 하는 우리는 문화상대주의의 관점에서 지구인의 문화를 존중하고 이해하려고 애쓸 것이다.

물론 문화상대주의가 절대적인 것은 아니다. 아프리카에서 널리 행해지는 여성 할례(관습적인 이유에서 여성의 성기 일부 또는 전부를 잘라 내는 행위)처럼 여성 인권을 탄압하는 사례 등 비문화적이고 비인간적인 행위에 대해서는 날카로운 비판의 시각이 필요하다.

문화상대주의에서 중요한 점은 다른 문화를 대하는 자세에 있다. 자기와 다른 문화를 배척하고 이상하다고 여기거나 반대로 무턱대고 찬양하는 것이 아니라, 그 문화를 균형 잡힌 시선으로 이해하고 받아들이려는 자세가 중요하다.

튀김옷을 입은 문화, 돈가스

우리 아름다운 고리의 사람들이 지구로 이주했을 때 만나게 될 것 가운데 가장 크게 기대하는 것은 음식이다. 달콤한 즙이 입안으로 흘러드는 과일은 말할 것도 없고 지구의 수많은 음식들은 생각만 해도 군침이 돈다. 그래서 아름다운 고리 사람들이 지구에 가서 얻고 싶은 직업 1위가 바로 요리사다.

선발 대원 가운데 요리사를 꿈꾸는 몇몇이 지구의 음식 문화를 연구하다가 흥미로운 사실 하나를 알려 주었다. 그것은 이질적인 문화가 만나서 충돌하고 섞이며 어떻게 변하는지를 잘 보여 주는 사례였다. 서로 다른 문화들이 만나서 변하는 것을 '문화접변'이라고 한다.

돈가스는 동아시아에 속해 있는 일본에서 태어난 음식이지만 정체를 밝히기 모호한 음식이다. 일본은 전통적으로 채식을 위주로 하는 나라였다. 오랫동안 일본의 상징적인 지도자 위치에 있는 천황이 불교의 영향을 받아 육식을 금지시켰다. 일본에서 초밥 같은 생선 요리가 발달한 것은 고기 대신 생선을 많이 먹었기 때문이다. 기록을 보면 메이지 유신 이전에 일본을 찾았던 서양 사람들이 고기를 먹지 못해 애를 먹었다는 내용이 나온다.

그런데 근대에 이르러 서양 문물을 받아들이기 위해 서양을 둘러본 일본 사람들은 서양 사람들의 큰 체격과 강한 체력이 육식과 관계있다는 것을 알아냈다. 그래서 그때까지와는 정반대로 천황이 앞장서서 육식을 장려하기에 이르렀다. 심지어 천황이 직접 육식을 하는 장면을 공개하기까지 했다.

그렇지만 식성과 식단을 채식에서 육식으로 갑자기 바꿀 수는 없는 노릇이다. 채식에서 육식으로 바꾸기 위해서는 단지 고기만 있으면 되는 것이 아니다. 그 고기를 요리하기 위한 도구부터 요리 방법, 음식을 먹는 도구, 그리고 사람들의 생각까지 모두 바뀌고 준비되어 있어야 한다. 음식은 단지 먹는 것이 아니라 그 속에 깊은 문화를 담고 있기 때문이다.

당연히 육식에 대한 사람들의 저항이 컸다. 젓가락 대신 포크와 나이프를 쥐어야 하는 것도 어색했다. 개중에는 식탁에서 칼을 들고 고기를 먹는 것이 야만적이라고 비판하는 사람들도 있었다.

한동안 일본에서는 기존의 채식 문화와 새로 들어온 육식 문화가 충돌하면서 많은 갈등과 이야기를 만들어 냈다. 그리고 어느 정도 시간이 흐르면서 이 둘을 절충한 음식이 태어났다. 그것이 바로 돈가스다.

돈가스는 돼지고기를 재료로 한다는 면에서 육식이다. 그러나 서양 음식과 달리 기존의 일본 튀김처럼 튀기고, 나이프와 포크가 아니라 젓가락으로 먹을 수 있도록 적당하게 자르며, 쌀밥과 함께 먹을 수 있는 반찬 구실을 한다. 이렇게 일본의 전통음식 문화와 조화를 이룬다는 점이 매우 흥미롭다. 이제 돈가스는 일본 사람들이 매우 좋아하는 음식 가운데 하나다.

돈가스는 한 가지 사례에 불과하다. 지구에서는 늘 이런 문화접변이 일어난다. 여러 문화가 충돌해서 어느 쪽이 더 뛰어난지 우열을 가리는 것이 아니라 새로운 문화 현상이 나타난다.

우열이 뚜렷하게 드러나는 기술과 달리 문화는 우열을 가리는 것이 아니다. 문화는 다른 문화를 적절하게 받아들여 새로운 문화를 만들고 그것을 즐기는 것이다.

오리엔탈리즘과 세계화

그러나 세상일이 늘 그렇듯이 좋은 일만 일어나는 게 아니다. 사람들이 모이면 그 때문에 즐거움도 생기지만 갈등과 다툼도 생기게 마련이다. 불행과 행복은 따로 다니지 않는다. 그러므로 늘 갈등과 다툼이 일어날 가능성을 염두에 두고 지구로 이주해야 한다.

지구에서 벌어지는 이런 갈등과 다툼 가운데 하나가 오리엔탈리즘이다. 오리엔탈리즘은 서양이 동양을 어떻게 바라보고 있는지를 가리키는 말이다. 유럽 사람들은 서남아시아 지역에서 전래한 『아라비안나이트』 같은 이야기를 읽으면서 동양을 환상적이고 신비로운 곳으로 생각했다. 그러면서 한편으로는 동양을 문명 발전이 더딘 세상, 그래서 미개하고 야만적인 세상으로 보았다. 그러니까 서양 사람들이 동양을 보는 관점은 이중적이었다.

에드워드 사이드(1935~2003)라는 학자가 『오리엔탈리즘』이라는 책을 통해 유럽인의 이런 이중적인 시각에 담긴 의미를 밝혀냈다. 유럽인들은 동양을 비합리적이고 열등하며 도덕적으로 타락했다는 인식을 만들어 왔고, 그런 인식은 서양의 우월성과 동양에 대한 지배를 정당화했다. 그러니까 식민지 지배를 합리화하는 근원에 동양에 대한 오해나 왜곡, 즉 오리엔탈리즘이 자리잡고 있는 것이다.

이러한 에드워드 사이드의 분석 이후 오리엔탈리즘이라는 말은 유럽을 중심으로 하는 서양 강대국들이 동양을 침략하고 지배하는 이데올로기이자 동양을 오해하는 태도를 가리키는 말로 널리 쓰이게 되었다.

사실 우리 아름다운 고리 사람들은 지구에서 동양과 서양을 나누고 서로 시기하고 싸우는 모습이 우스워 보인다. 이슬람을 바탕으로 하는 서남아시아 지역과 기독교를 바탕으로 하는 서구의 대결도 어처구니가 없다. 누가 더 앞선 것이 아니라 각각 고유한 특성이 있다고 보고 자신의 문화를 가꾸어 나가면 되는데 말이다.

동양인은 이렇고 서양인은 저렇다는 생각은 큰 의미가 없다. 인간을 백인, 흑인, 황인 등으로 나누어 각각 다른 특성이 있는 것처럼 구별하면서 우열을 가리는 것도 옳지 않다. 굳이 구별해서 차별할 것이 아니라 지구에서 함께 살아가는 인류로서 최선을 다해 열심히 살아가는 것이 좋지 않을까?

이런 생각과 맞물려 세상에 나온 것이 세계화다. 세계화라는 말은 흔히 경제적인 측면을 강조하여 쓰기는 하지만, 기본적으로는 지구 사람들이 하나의 세계로 이어져 있고 함께 살아가야 한다는 전제를 깔고 있는 말이다. 세계는 한 덩어리가 되어 서로에게 필요한 것을 공급하고 받아들이면서 살아간다. 예를 들어 한 지역에는 석유가 많고 다른 지역에는 과일이 풍부하다면, 자기에게 넉넉한 것을 상대에게 나눠 주고 함께 풍요롭게 살 수 있는 세계를 꿈꿀 수 있다.

그러나 현실적으로 오늘날의 세계화는 힘센 나라들이 약한 나라들을 지배하고 억압하는 쪽으로 흘러가고 있다. 우리 아름다운 고리 사람들은 지구인들이 함께 잘 살기보다 갈등과 다툼을 일으키는 것이 안타깝다. 우리는 이미 지난날 그 갈등과 다툼으로 처절한 비극을 겪었다. 가벼운 갈등과 다툼은 긴장과 활력을 주기도 하지만, 심해지면 파멸을 불러올 뿐이다.

머물러 사는 사람과 이동하며 사는 사람

지구에는 또 하나 동양과 서양의 구별처럼 확연하게 차이가 나는 사람들의 무리가 있다. 한쪽은 한곳에 머물러 사는 사람들이고 다른 한쪽은 계속 이동하며 사는 사람들이다. 흔히 이들을 농경민과 유목민이라고 부르지만, 현대화가 이루어진 도시에서는 농경민 대신 도시민이라고 부를 수 있다.

인류가 구석기 시대에 사냥을 위해 사냥감을 따라 계속 이동했던 것처럼 오늘날에도 많은 사람들이 목축을 위해 이동하며 살아간다. 이들은 양 떼나 소 떼를 몰고 풀이 많은 곳을 찾아

계속 옮겨 다닌다. 물론 사방팔방으로 떠돌지는 않고 계절에 따라 정해진 곳으로 이동한다.

유목민에 대한 이미지는 과거 서양이 동양에 품었던 이미지와 비슷하다. 하나는 아름다운 초원에서 양이나 소에게 풀을 뜯기며 한가로이 생활하는 목가적인 이미지다. 다른 하나는 무시무시한 칼을 들고 농경민이나 도시민을 공격하는 폭력적인 이미지다.

오리엔탈리즘에서 풍요롭고 신비한 것과 미개하고 야만적인 것이라는 서로 어울릴 수 없는 이미지가 공존한 것처럼 유목민에게도 목가적이면서 폭력적이라는 서로 어울리지 않는 두 가

● 목가적인 유목민 이미지
유목민이 초원에서 동물들과 함께 평화롭게 지내는 모습으로 그려져 있다. 외젠 들라크루아(1798~1863)의 〈스키타이인과 함께 있는 오비디우스〉다.

● 폭력적인 유목민 이미지

유목민이 세운 오스만 제국의 군대가 그리스의 키오스 섬을 습격해 약탈과 파괴, 학살을 일삼는 모습으로 그려져 있다. 앞에 앉아 있는 그리스인들은 체념한 듯한 표정을 짓고 있다. 외젠 들라크루아의 〈키오스 섬의 학살〉이다.

지 이미지가 함께 작용한다.

그것은 기록 문화가 있느냐 없느냐 하는 점에서 이유를 찾을 수 있다. 대개의 유목민들은 문자가 없기 때문에 기록도 남길 수 없었다. 유목민에 관한 기록은 대부분 농경민이나 도시민 같은 정주민이 남긴 것이다. 그러니까 팔이 안으로 굽는다고, 유목민에 대해서는 편견과 오해가 있을 수밖에 없다.

유목민은 환경에 적응하며 자기들에게 가장 적합한 삶의 방식대로 살아왔을 뿐이다. 유목민이 유달리 목가적인 것도, 폭력적인 것도 아니다. 지구인들에게 잘 알려진 대부분의 전쟁은 정주민이 일으켰다.

한 가지 흥미로운 사실은 뿔뿔이 흩어져 가족 단위로 생활하는 유목민들이 집단을 이룰 때는 엄청난 힘을 발휘했다는 점이다. 유목민이 세운 나라가 그렇다. 대표적인 유목 국가는 몽골이다.

몽골은 중국 북쪽에 있는 몽골 고원을 중심으로 나라를 세우고 아주 짧은 기간에 아시아와 유럽을 지배하는 제국으로 발전했다. 몽골 제국은 오래가지 않았지만 그들이 지구의 역사에 끼친 영향은 매우 크다.

몽골은 최초로 지구를 하나의 교역권으로 만들어 긍정적인 면에서 세계화를 이루었다. 예를 들면 상인들은 국경을 넘나들 때마다 일종의 통과세인 관세를 내야 했는데, 몽골은 아시아와 유럽의 일부를 장악하고 관세를 철폐했다. 관세가 사라지자 상인들은 더 싼 가격으로 다른 지역에 물자를 공급할 수 있게 되었다. 또한 몽골이 치안을 담당했기 때문에 상인들은 도적들의 위협에서 벗어나 자유롭게 상업 활동을 할 수 있었다.

그리하여 당시 세계의 중심이었던 아시아와 유럽을 잇는 수

많은 교역로가 생겨났으며, 상인을 비롯한 많은 사람들이 자유롭게 오갔다. 또 그 길을 따라 물자뿐만 아니라 다양한 문화가 동서남북으로 오갈 수 있었다.

지구의 이런 변화는 유목민의 특성에서 유래한 것이다. 유목민은 끊임없이 이동하며 산다는 점에서 한곳에 머물러 사는 정주민과 생각하는 방식이 달랐다. 즉 정주민이 깊이 파고드는 사고를 한다면 유목민은 넓게 퍼져 나가는 사고를 한다.

유목민은 옮겨 다녀야 하기 때문에 다른 지역의 정보에 매우 민감하고 말타기에 능숙하다. 그래서 이들이 무리를 이루었을 때 뛰어난 정보력과 이동 능력으로 지구의 역사에 큰 영향을 끼쳤던 것이다.

지구의 현대 사회는 유목민의 모습을 닮았다. 말 대신 자동차를 타고 이동하며, 정보가 중요한 역할을 하는 정보 사회라는 면에서 그렇다. 또한 인터넷 공간은 유목민이 돌아다니는 초원을 닮았다. 인터넷을 통해 세계 어디로든 이동할 수 있다는 점에서 그렇다.

우리 아름다운 고리의 사람들 가운데 일부는 유목민이 되고 싶을 것이다. 그들에게 한 가지 당부할 것은, 유목민을 닮은 현대인들이 힘들게 사는 것처럼 유목민의 삶도 만만치 않다는 점이다.

문화 교류의 상징, 실크로드

지구의 옛길 가운데 아시아와 유럽을 이어 주는 실크로드라는 것이 있다. 그 길 위로 비단이 오고 갔다고 해서 실크로드라는 이름이 붙었다. 그렇다고 비단만 오간 것은 아니다. 세계 3대 발명품으로 꼽히는 나침반, 화약, 종이를 비롯해 도자기, 차, 도르래 등이 동쪽에서 서쪽으로 전해졌다. 그리고 직물과 옥, 유리, 불교 등이 서쪽에서 동쪽으로 전해졌다.

사실 실크로드는 먼 옛날부터 있었다. 단지 이름이 없었을 뿐이다. 실크로드가 공식적으로 역사에 등장한 것은 중국이 북쪽 유목민이 세운 흉노와 싸우고 있을 때였다. 중국은 북쪽의 흉노를 포위하기 위해 서쪽으로 사신을 파견했는데, 그 뒤 공식적으로 실크로드를 거쳐 사람들과 문화가 오가기 시작했다.

실크로드의 두 축이 되는 나라는 중국과 페르시아(오늘날의 이란)였다. 그 두 축을 중심으로 동쪽은 중국에서 한반도로 이어졌고, 서쪽은 페르시아에서 로마를 비롯한 유럽으로 이어졌다. 이때 중국의 비단이 서쪽으로 엄청나게 팔려 나갔다. 로마의 거지들도 비단을 입고 다닌다는 말이 나올 정도였다.

실크로드에는 길이 하나만 있는 것이 아니다. 실크로드는 크게 톈산 산맥 북쪽을 지나는 초원길, 톈산 산맥 남쪽을 지나는 오아시스 길, 그리고 바다를 통하는 바닷길로 크게 나뉜다. 물론 초원길과 오아시스 길, 바닷길도 하나만 있는 것이 아니고 거미줄처럼 사방으로 이어져 있었다.

실크로드는 인류의 동서 교류를 상징하는 말이다. 동쪽과 서쪽이 각각의 문명을 발전시키다가 실크로드를 통해 서로 필요한 것들을 왕성하게 주고받았다. 이때 주고받은 것에는 비단과 도자기 같은 물질적인 것뿐만 아니라 종교와 예술 같은 정신적인 것도 포함되어 있었다.

사람이 다니기 시작하면 길이 생기고, 길이 생기면 더 많은 사람들이 그 위를 지나다닌다. 지구의 인류는 그렇게 지구 위에 길을 내고 그 길을 통해 물질문화와 정신문화를 주고받으면서 지금까지 살아왔다. 인간의 문화는 앞으로도 끊임없이 교류하면서 변할 것이다.

II
요람에서
무덤까지

4

성과 사회: 태어난 여성,
만들어진 남성

아름다운 고리에도 남성과 여성이 있다. 그리고 당연한 말이
지만 여성이 아이를 낳는다. 그러나 남성과 여성이 하는 일이
서로 다르지 않다. 아름다운 고리에서 남성과 여성은 겉으로 보
기에 서로 다르게 생겼지만, 말하자면 생물학적으로 신체 구조
가 다르지만, 사회에서 서로 다른 취급을 받지는 않는다.

그런데 지구에서 쓰는 말 가운데 '유리 천장'이라는 게 있다.
유리 천장은 유리로 만들어서 밤이면 달과 별을 바라볼 수 있
는 그런 낭만적인 천장을 가리키는 말이 아니다. 유리 천장은
여성이 회사나 사회에서 높은 자리로 올라가지 못하게 막는 장
벽을 뜻한다. 유리로 되어 있어 빤히 보이는데도 차별의 벽에
가로막혀 올라갈 수 없다는 뜻이다.

우리 아름다운 고리의 선발대 여성들은 이 사실을 알고는 크

게 화를 냈다. 왜 여성이 차별을 받아야 하는가? 지구에서 일어나고 있는 여성에 대한 폭력과 차별은 그것뿐이 아니었다. 그런 사실들이 하나둘 드러나자 여성 선발 대원들은 더욱 치를 떨고 분노했다.

분노의 절정은 인도에서 지참금 때문에 벌어지는 신부 불태우기(6장 참고)였다. 몹시 흥분한 일부 여성 대원들은 지구를 공격해 따끔한 맛을 보여 줘야 한다고 격렬하게 주장하기도 했다. 다른 대원들이 이들을 진정시키느라 한참 애를 먹었다.

지구인들의 여성 차별은 아름다운 고리의 남성들도 잘 이해할 수 없었다. 그것은 아름다운 고리에서는 볼 수 없는 일이었기 때문이다. 우리는 혹시나 해서 우리의 옛 기록을 찾아보았다. 그랬더니 아름다운 고리가 고대 사회였을 때 여성에 대한 차별이 있었다. 그러나 여성에 대한 차별이 남성에게도 유리하지 않다는 사실이 드러나면서부터 그 뒤로는 차츰 사라지게 되었다. 그런데 지구에서는 남성과 여성의 차별이 여전히 존재한다.

우리는 지구의 남녀 차별에 대해 한동안 토론을 벌였다. 특히 지구로 이주했을 때 그 차별에 직면하게 될 여성들의 관심이 각별했다. 우리는 지구의 남녀 차별에 관한 자료를 많이 모았고 지구 인류학자들의 보고서에 깊이 몰두했다. 이런 연구는 우리 사회를 연구하는 데에도 많은 도움이 되었다.

남성과 여성은 태어나는가, 만들어지는가?

우리가 지구의 여성과 남성을 연구하면서 던진 첫 번째 물음은 과연 남성과 여성은 생물학적으로 태어나는가, 아니면 사회화 과정을 거치면서 남성과 여성으로 만들어지는가 하는 것이었다.

남성과 여성은 분명히 생물학적으로 다른 신체를 갖고 태어난다. 생김새를 보면 대부분 남성인지 여성인지를 판별할 수 있다. 남성과 여성은 서로 몸이 다르게 생겼기 때문에 서로에게 관심이 쏠리고 마음이 끌리게 된다. 그리고 생식 활동을 통해 아이를 낳게 된다.

인류의 생존을 위해 아이를 낳고 키우는 일은 무엇보다 중요하다. 지구의 많은 사람들은 여성이 출산과 육아를 맡고 남성은 바깥에서 식량을 구해야 한다고 생각했다. 그리고 그렇게 가르치고 교육했다.

그런데 남성과 여성은 겉모습이 다르다는 이유로 서로가 하는 일도 달라야 할까? 또 그 때문에 차별을 받아야 할까?

이 물음에 처음으로 명쾌한 대답을 내놓은 사람은 여성 인류학자 마거릿 미드(1901~1978)다. 미드는 남태평양의 세 부족을 오랫동안 관찰하고서 쓴 『세 부족 사회의 성과 기질』을 통해 남성과 여성의 성 역할은 그 사회가 놓인 환경과 밀접한 관계가 있다는 것을 밝혀냈다.

미드가 관찰한 부족은 남태평양 뉴기니에 살고 있는 아라페시족, 먼두구모르족, 챔블리족이었다. 그런데 이들 세 부족은 흥미롭게도 남성과 여성의 정체성과 역할 등에 대해 서로 다르게 생각했다.

먼저 아라페시족은 남성과 여성 모두 인성이 비슷했다. 그러니까 아라페시족은 남성과 여성이 서로 별반 다르지 않았다. 마거릿 미드가 조사한 세 부족 가운데 우리 아름다운 고리와 가장 비슷한 부족이 아라페시족이다.

아라페시족은 남성과 여성 모두 공격적이거나 폭력적이지 않았고 서로를 배려했으며 또 그런 사람이 존중받아야 한다고 믿었다. 남성과 여성 모두 부드럽고 순한 상대를 좋아했다. 또한 상대에게 매력을 느끼게 하는 사람도 부드럽고 순한 사람이었다.

이와 달리 먼두구모르족은 남성과 여성 모두 공격적이고 강한 성향을 띠었다. 부드럽고 타인을 배려하는 것은 나약하다고 보고, 독립적이고 강하게 사는 것이 더 좋다고 생각했다. 따라서 먼두구모르족에게 매력적인 사람은 공격적이고 강한 사람이었다. 그들은 결혼 상대를 고를 때도 그런 사람을 골랐다.

그런데 챔블리족은 위의 두 부족과 달랐다. 챔블리족은 남성과 여성이 서로 다르다는 점을 인정했다. 여성은 일 처리를 잘하기 때문에 사회를 지배하는 역할을 맡아야 하고, 남성은 의존적이며 책임감이 약하다고 생각했다. 이런 이유로 챔블리족의 남성들은 화려하게 치장해서 여성들의 눈길을 끌려고 노력했다. 챔블리족의 이런 생각은 오늘날 지구에서 일반적으로 볼 수 있

● 아라페시족

아라페시족 사람들이 피리를 합주하는 모습이다. 오른쪽에 흰옷을 입은 여성이 마
거릿 미드다. 아라페시족은 남녀 모두 부드럽고 순했다.

● 먼두구모르족

먼두구모르족 여성이 아기를 한 팔로 안고 있
다. 아기가 엄마 품에 편안하게 안겨 있는 모
습과는 다르다. 먼두구모르족 사람들은 남녀
모두 강하게 사는 것을 바람직하게 여겼다.

● 챔블리족

챔블리족 여성이 호수에서 물고기를 잡고 있다. 남성은 여성이 잡은 물고기를 팔아 식료품을 사 오는
역할을 한다. 즉 여성이 실질적인 일을 하고, 남성은 여성의 관심을 받기를 바란다.

는 남성과 여성의 성 역할과는 큰 차이를 보인다.

　이처럼 세 부족 사회에서 남성과 여성의 역할과 성격이 각각
다른 까닭은 무엇일까? 그것은 남성과 여성이 신체적으로 다르
기 때문이 아니라, 서로 다른 사회에서 각각 다른 문화화 과정
을 거치면서 그렇게 배웠기 때문이다. 미드의 오랜 관찰은 남성
과 여성의 정체성이 그 사회의 생각과 교육을 통해서 만들어진
다는 것을 잘 보여 준다. 그러니까 남성과 여성은 처음부터 그
렇게 태어난 것이 아니라 문화화 또는 사회화를 거치면서 사회
가 요구하는 남성과 여성으로 자라게 되는 것이다.

　그리고 한 사회의 문화가 변하면 남성과 여성의 성 역할도

변한다. 최근 지구에서도 여성들이 사회에 많이 진출하고 제 목소리를 내기 시작하면서 성 역할에도 변화가 생기고 있다. 챔블리족처럼 화장을 하고 몸을 치장하며 패션에 관심을 쏟는 남성이 늘어나고 있는 듯하다. 물론 우리 아름다운 고리처럼 남녀가 평등한 위치에 있지는 않지만, 여성 해방이라는 말이 낡은 느낌을 줄 정도로 여성의 힘이 세지고 있다.

환경과 성 역할의 변화

그렇다면 지구에서는 언제부터 남성과 여성의 구별이 생겼고, 구별하면 반드시 뒤따르게 마련인 차별이 생겼을까?

아마도 인류가 사냥을 하고 채집을 하던 시기에는 남녀의 구별이 미약했을 것으로 추측된다. 남녀의 구별이 뚜렷해진 것은 많은 노동력이 필요한 농경 시대일 것이다. 이 무렵부터 성에 따른 분업이 본격적으로 진행된 것으로 보인다. 농경을 하는 지역에서는 예외 없이 남성들이 권력을 쥐고 있었다는 점에서 그 사실을 확인할 수 있다.

도시가 발달하고 국가가 출현하면서 더욱 남성다운 태도나 가치가 사회를 지배하고, 여성은 아이를 낳고 기르며 가정 안으로 활동 영역이 축소되었다. 사회화를 통해서 남성은 강하고 지배적인 성격을 기르도록 교육받고, 여성은 온순하고 순종적인 성격을 기르도록 교육받았다. 그 과정에서 남성과 여성의 역할은 고정 관념으로 굳어졌다.

산업 사회로 들어오면서 이런 현상에 변화가 일어났다. 남성과 여성의 성 역할에 따른 분업이 약화되기 시작한 것이다. 특히 지구에서 두 차례에 걸쳐 일어난 세계 전쟁 전후로 남성 노동력이 부족해지자 사회는 여성의 사회 활동을 요구했다. 그에 발맞춰 여성들도 교육을 받고 사회에 진출해 직업을 갖게 되었다.

또한 세탁기, 냉장고 같은 가전제품을 비롯한 여러 과학 문명의 혜택으로 가사 노동이 많이 줄어들었는데, 이에 따라 가정 내로 한정되었던 여성들의 활동 영역이 넓어질 수 있는 조건이 마련된 것도 한몫을 했다.

오른손잡이의 세상

여성이 자기가 선택하지 않은 유전적인 결과로 세상에 태어난 것처럼, 왼손잡이도 유전적인 결과로 태어난다. 그리고 여성들이 차별을 받았듯이 왼손잡이들도 심한 차별을 받아야 했다. 유전은 개인이 스스로 선택한 것이 아니라 이미 주어진 것이다. 그런데 문화화 과정에서 여성과 왼손잡이는 불리한 상황에 놓였다. 왜 그런 것일까?

왼손잡이는 인류 역사의 수수께끼라고 불릴 만큼 언제나 일정한 비율로 태어났다. 조사에 따르면 인류의 7~10퍼센트가 왼손잡이로 태어난다고 한다. 한편 두 손을 모두 자유롭게 쓰는 양손잡이는 0.1퍼센트에 불과하다.

왼손잡이는 사회·문화적으로 오랫동안 차별을 받아 왔다. 오늘날 지구에 있는 물건들은 대부분 오른손잡이를 위한 것이다. 문을 여는 손잡이부터 글을 써 나가는 방향, 피아노 같은 악기 등 거의 모든 것이 오른손잡이의 편의에 따라 만들어졌다. 그래서 왼손잡이로 태어나는 순간부터 살아가는 내내 차별을 받게 되어 있다.

왼손잡이에 대한 차별은 물건에만 국한되지 않는다. 결혼한 여성이 왼손잡이이면 공식적으로 집에서 쫓아낼 수 있는 사회도 있었다. 또 인도에서는 식사할 때는 오른손, 화장실에서 용변을 처리할 때는 왼손을 차별해서 쓴다. 어떤 사회에서는 오른쪽 눈꺼풀에 경련이 일어나면 가족이 돌아오고 왼쪽 눈꺼풀에 경련이 일어나면 가족이 죽는다고 생각했다. 또한 자리에 앉을 때 지위가 높은 사람이 보통 오른쪽에 앉는 것도 오른쪽을 우위에 있다고 생각하기 때문이다.

그리고 지구인들이 사용하는 말에서도 왼손에 대한 차별이 깊다. 일반적으로 오른손은 영리함, 곧음, 옳음, 정직함 등을 뜻한다. 예를 들어 지구의 많은 사람들이 쓰고 있는 영어에서 오른쪽을 가리키는 'right'에는 옳은, 올바른, 적절한, 건강한 등의 의미가 있다. 심지어 'rights'는 권리, 정의를 뜻한다. 반면 왼손은 사악함, 서투름, 불길함을 뜻했다. 그리고 왼손잡이는 위의 사악함, 서투름, 불길함의 이미지를 그대로 뒤집어쓰고 차

● 고귀한 물건은 오른손에

아기 예수를 경배하는 동방 박사들이 모두 오른손에 귀한 선물을 들고 있다. 오른손은 곧음, 옳음, 정
직함, 밝은 세계를 상징해 왔다. 그림은 알브레히트 뒤러(1471~1528)의 〈경배하는 동방 박사들〉이다.

별을 받았다.

　이런 이유 때문에 많은 사회에서 왼손잡이로 태어난 아이를
오른손잡이로 만들기 위해 노력했다. 왼손을 쓰지 못하게 하려
고 왼손을 묶거나, 체벌을 하거나, 왼손을 땅에 묻는 왼손의 상
징적인 죽음을 통해 왼손을 쓰지 못하게 하는 사회도 있었다.

　왼손에 대한 차별에 주목하고 연구했던 프랑스의 인류학자

로베르 에르츠(1881~1915)는 여러 사회를 조사하고 이런 말을 남겼다. "오른손의 우월함은 제재를 동반한 강제에 의해 생겨났으며 왼손은 금기시되고 마비되었다." 그러니까 사회적으로 오른손을 옳다고 여기고 왼손을 불길하다고 여기며 쓰지 못하게 만들었다는 뜻이다.

불길한 왼손잡이

그렇다면 오른손잡이에게 편리한 사회가 만들어진 것은 왜일까? 먼저 사냥을 생각해 볼 수 있다. 사람의 심장은 왼쪽에 있다. 따라서 상대의 공격을 받으면 치명적인 상처를 입을 수 있는 심장을 왼손으로 보호하고 오른손으로 상대를 공격했을 것이다. 싸울 때 방패를 들고 막는 것도 심장이 있는 왼쪽이다. 또한 창을 던져 상대나 동물의 심장을 공격하는 데는 오른손이 유리하다는 점도 빼놓을 수 없다.

또 하나 글쓰기를 생각해 볼 수 있다. 인류가 문자를 발명하고 글을 쓰게 되면서 글을 써 나가는 방향을 오른손잡이에게 편리하도록 정했다. 아마도 수적으로 우위를 차지하고 있던 오른손잡이들이 글 쓰는 방향을 정했을 것이다.

그리고 사회가 발달하면서 갖가지 물건이 만들어질 때 오른손잡이와 왼손잡이를 위한 두 가지 물건을 만들기보다 오른손잡이를 위한 물건만 만드는 편이 훨씬 효율적이었을 것이다. 오른손잡이와 왼손잡이의 수가 반반이라면 두 가지를 모두 만들어야겠지만, 오른손잡이가 훨씬 많다는 점에서 굳이 많이 팔 수 없는 왼손잡이를 위한 물건을 만들 필요성을 느끼지 못했을 것이라는 뜻이다. 그래서 왼손잡이를 위한 물건은 만들어지지 않거나, 만들어져도 매우 비쌌다.

그렇다면 오른손은 옳고 바르며 왼손은 사악하고 불길하다는 생각은 어디에서 왔을까? 왼손잡이가 단지 수적으로 적기 때문에 차별을 받은 것일까? 이 문제는 문화적으로 매우 복합적인 요소를 안고 있지만 여기서는 몇 가지 사실만 생각해 보자.

현실적으로 왼손잡이는 사회에서 살아가기가 힘들다. 도구의 활용이나 글쓰기 등 사회 전반에 걸쳐 여러모로 불편하다. 그렇기 때문에 왼손잡이들은 정공법보다는 변칙이나 편법을 사용할 가능성이 높아진다. 또한 왼손을 쓴다는 것 자체가 오른손잡이가 볼 때는 변칙이나 편법으로 비칠 것이다. 그 때문에 오른손잡이가 볼 때 왼손잡이는 변칙이나 편법을 쓰는 사람으로 보일 것이고, 그 이미지가 확산되고 고정되면서 왼손잡이는 사악하다는 이미지가 만들어졌을 것이다.

여기에는 세상을 둘로 나누어서 바라보는 관념도 크게 작용했다. 즉 세상을 선과 악으로 나누어 볼 때 오른손잡이는 선이 되고 왼손잡이는 자연스럽게 악이 된다.

인류는 고대부터 세상을 하늘과 땅으로 나누어 놓고 하늘을 선하고 천국이 있는 곳, 땅은 악하고 지옥이 있는 곳으로 생각

하늘	선	천국	성스러움	깨끗함	우월함	남성	오른손
땅	악	지옥	속됨	더러움	열등함	여성	왼손

했다. 이것을 사람에게 적용하면 남성은 하늘·선과 연결되고 여성은 땅·악과 연결된다. 여성과 왼손잡이에 대한 차별이 궁극적으로는 세상을 둘로 나누어 보는 사고방식에서 기원했다.

그러나 현대로 접어들면서 왼손잡이에 대한 편견은 줄어들고 있다. 특히 스포츠 분야에서는 왼손잡이가 유리하기 때문에 오른손잡이가 왼손잡이로 애써 바꾸는 경우도 있을 정도다.

인류의 문화는 늘 비대칭적으로 변화해 왔다. 인류 역사에서 대칭성의 문화가 실현된 적은 한 번도 없었다. 간단하게 생각해서 오른손과 왼손을 모두 잘 쓰는 양손잡이의 세계가 되면 좋을 것이라고 여기기 쉽지만, 실제로 인류의 문화는 이런 대칭성보다는 비대칭성을 통해 변화해 왔다.

어쨌든 동양과 서양, 남성과 여성처럼 둘로 나누어 어느 한쪽이 더 우월하거나 열등하다고 생각할 것이 아니라 저마다 고유한 능력과 영역이 있음을 인정하고 그것을 수용하는 자세가 필요하다. 그래야만 문화의 다양성이 더욱 빛을 발하고 인류에게 행복을 줄 수 있는 문화가 만들어지지 않을까 생각한다.

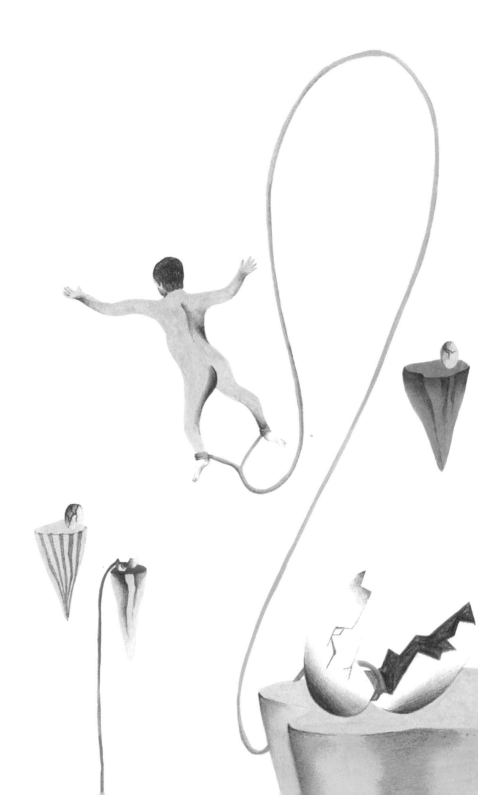

5

성인식 : 아이의
죽음

아이가 어른이 된다는 것은 매우 중요한 일이다. 그것은 자기 삶을 책임지는 사람이 되는 것을 뜻한다. 자유롭게 술을 마시고 결혼도 할 수 있지만, 그에 따른 책임도 져야 한다. 또한 사회적으로 새로운 구성원이 된다는 점에서도 의미가 크다.

어른이 된다는 것은 이토록 큰 의미가 있기에 우리 아름다운 고리에서는 해마다 성대한 행사를 치른다. 국가에서는 갓 스무 살이 된 청년들을 위해 삼 주 동안 축제를 연다. 우리는 그것을 성인 축제라고 부른다. 성인 축제에 참가할 수 있는 사람은 그해에 스무 살이 된 청년들이다.

성인 축제의 첫 번째 일주일은 단식을 한다. 모두 같은 옷으로 갈아입은 청년들은 각자 독립된 공간에서 일주일 동안 단식하면서 어떤 성인이 될 것인지, 사회를 위해 어떤 일을 할 것인지 등을 사색한다. 이때 청년들은 세상과의 단절을 경험하게 된다. 다른 사람들과의 대화도 금지된다. 오직 자기와의 만남을 통해서 내면을 들여다보고 자기가 어떤 사람(어른)이 될지에 집중한다.

두 번째 일주일은 조금씩 음식을 먹으면서 몸을 회복시키고, 사회의 다양한 전문가들과 만나 지난 일주일 동안 생각하고 고민한 것을 놓고 대화하면서 앞으로 어떤 일을 할지 결정하게 된다. 어릴 때부터 하고 싶었던 일을 단식 기간에 확인한 뒤 전문가와 대화하면서 구체화하는 과정이다.

성인 축제의 세 번째 일주일은 온통 파티로 채워진다. 흥겨운 음악과 신 나는 놀이가 펼쳐진다. 이때 청년들은 음주처럼 미성년 때 할 수 없었던 일을 할 수 있다. 그럼으로써 자기가 성인이 되었음을 느낄 수 있다. 일주일 동안 새내기 청년들은 자기가 하고 싶은 대로 할 수 있다. 거의 무한한 자유가 보장된다. 청년들은 파티에서 성인이 된 것을 함께 즐기고 축하한다.

아름다운 고리에서 치르는 성인 축제를 지구에서는 성인식이라고 한다. 지구에서도 오랫동안 성인식을 치러 왔다. 그러나 현대 사회에서는 성인식이 거의 사라지고 있다. 인간으로 태어나 어른이 되는 것만큼 중요한 일이 또 있을까? 그런데 왜 오늘날 지구의 많은 곳에서 성인식을 하지 않는 것일까?

인류학자들의 연구에 따르면 옛날 지구의 인류는 성인식을 거치지 않으면 어른이 될 수 없다고 믿었다. 성인식을 거치지 않은 사람은 나이만 먹은 아이다. 겉으로 보기에는 어른이지만 속은 아이 상태로 남아 있다는 말이다.

성인이 된다는 것은 달리 표현하면 아이의 죽음을 뜻한다. 성인식을 함으로써 아이는 죽고 어른으로 다시 태어난다. 따라서 성인식을 거치면 다시 아이로 되돌아갈 수 없게 된다. 힘들고 고통스러운 일이 생겨도 엄마 품에 안겨 칭얼대거나 어리광을 부릴 수 없다. 어른은 그런 일들을 스스로 해결하고 헤쳐 나가는 사람들이다.

인류학자들의 연구 자료를 살펴보면 지구에서도 예부터 성인식을 비롯해 살아가면서 큰일이 있을 때마다 의례를 해 왔다. 대표적인 것이 관혼상제, 즉 성인식, 결혼식, 장례식, 제사다. 성인식은 그 가운데 첫 번째로, 어른이 되었음을 증명하고 사람들에게 인정받는 과정이었다.

성인식을 거치지 않으면 어른이 될 수 없다

성인식은 어른이 될 수 있다는 것을 증명하기 위한 의식인 탓에 위험한 일을 하는 경우가 많았다. 대표적인 것이 번지 점프다. 현대의 많은 지구인들은 번지 점프가 놀이라고 생각하지만, 원래 번지 점프는 남태평양에 있는 바누아투의 펜타코스트 섬 주민들의 성인식에서 유래했다.

펜타코스트 섬사람들은 성인이 되기 위해 나무를 이어서 만든 높은 곳으로 올라가 발에 줄을 묶고 뛰어내려야 했다. 관광하러 왔다가 그 광경을 본 사람들이 관심을 보였고, 1979년 영국 옥스퍼드 대학의 스포츠 클럽 회원들이 미국 샌프란시스코의 금문교에서 번지 점프를 하며 세계적으로 유명해졌다.

오늘날 번지 점프는 레저 스포츠 가운데 하나로 꼽히고 안전에 신경 쓰기 때문에 위험하지 않다. 그러나 펜타코스트 섬사람들이 성인식으로 치르는 번지 점프에서는 발을 묶은 줄이 끊어져 때로 사람이 다치거나 죽기도 했다.

그러나 그것이 두려워 뛰어내리지 못하면 그 사람은 어른이 될 수 없었다. 어른이 되지 못하면 나이를 먹어도 어른 대접을 받지 못한다. 그러니까 나이만 먹는다고 저절로 성인이 되는 게 아니다. 반드시 성인식을 거쳐야 성인이 된다.

펜타코스트 섬사람들의 번지 점프는 아이에서 어른으로 점프하는 것을 상징하기도 한다. 아이의 세계에서 책임을 져야 하는 어른의 세계로 뛰어내리는 것이다. 스스로 골라 발목에 묶은 줄은 책임을 상징한다.

사회에 따라서는 성인식 때 몸에 문신을 하기도 하고 할례를 하기도 한다. 이런 행위들은 아이가 죽고 어른으로 다시 태어났음을 확실하게 느끼게 만드는 효과가 있다. 자기 몸에 남아 있는 흔적을 보면서 스스로 성인임을 자각하고 책임감을 느끼게 된다는 점에서 그렇다.

동남아시아의 불교 국가 미얀마에서는 종교적인 성인식을

치른다. 신퓨라고 일컫는 소년의 성인식은 승려의 출가와 비슷하다. 신퓨는 부모와 함께 살던 집을 떠나는 것에서 시작된다. 집을 떠나 있는 기간은 1~6개월에 이르는데, 그대로 출가해서 승려가 되는 사람도 있다.

신퓨 과정에서 소년들은 먹을 것을 동냥하는 탁발을 한다. 탁발은 먹을 것의 소중함과 베푸는 행위의 귀중함을 경험하게 해준다. 그 경험을 바탕으로 사회의 아름다운 가치를 체험하고 배우게 된다. 즉 공동체를 유지하는 가치를 익히고 성인으로서 책임감을 배우게 되는 것이다. 그래서 신퓨를 거쳐야 어른으로 대접받고 결혼도 할 수 있다.

아메리카 원주민의 성인식도 흥미롭다. 성인식은 먼저 신성한 오두막을 세우는 것부터 시작한다. 성인식에 참석하는 소년들은 아무 생각이 없는 좀비처럼 행동한다. 어떤 사회에서는 소년들을 아예 유령처럼 취급하기도 한다. 왜냐하면 이 무렵이 아이도 아니고 어른도 아닌 시기이기 때문이다.

소년들은 옷과 장신구로 치장하고 몸에 물감을 칠한 다음 오두막으로 간다. 소년들이 오두막으로 들어가면 기다리고 있던 추장이나 주술사가 소년들을 죽은 사람으로 취급한다. 이때 소년들은 상징적으로 죽음을 경험한다. 물론 그 죽음은 아이의 죽음이다. 다시 살아난 소년들이 밖으로 나와 정해진 순서에 따라 춤을 추고 행진한 뒤 저녁 무렵에 축복의 말을 듣고 옥수수로 만든 음식을 함께 먹는 것으로 성인식이 끝난다. 그리고 어른이 된다.

삶의 징검다리, 통과의례

사람은 출생과 동시에 하나 이상의 사회에 속하게 되며, 살아가면서 많은 의례를 경험하게 된다. 어느 사회에서나 보편적으로 나타나는 이런 의례들은 서로 비슷한 모습을 보여 준다. 독일 태생의 프랑스 인류학자 아르놀드 방주네프(1873~1957)는 그것을 통과의례라고 불렀다. 통과의례를 치르면서 출생, 결혼, 죽음 등 삶의 중요한 고비를 극복하고 넘어갈 수 있다.

예를 들면 중학교 과정을 마치고 고등학교에 갈 때 졸업식과 입학식을 하는 이유도 여기에 있다. 졸업식과 입학식이 없다면 어떻게 될까? 중학생도 아니고 고등학생도 아닌, 뭔가 어정쩡한 기분이 들 수도 있다. 졸업식은 한 과정이 끝났다는 것을 공식적으로 인정하는 의례이고, 입학식은 새로운 과정에 들어간 것을 인정하고 수용하게 하는 의례다. 더 구체적으로 말하면 졸업식은 예전에 속해 있던 곳(중학교)에서 분리된다는 것을 뜻한다. 그리고 입학식은 새로운 곳(고등학교)으로 통합된다는 것을 뜻한다. 방주네프는 이렇게 분리되고 통합될 때 의례가 치러진다고 설명한다.

의례는 대체로 다음과 같은 세 단계로 이루어진다. 먼저 분리 과정이 있고, 다시 통합되기 전까지의 전이 과정이 있으며, 마지막으로 통합 과정을 거친다. 그러니까 분리 이후 바로 통합이 이루어지는 것이 아니라 그 중간에 전이 과정이 있다. 예를 들면 졸업식 이후 입학식을 하기 전까지의 시기가 바로 전이의 시기다.

곰곰이 생각해 보면 전이 시기가 중요하다는 것을 알 수 있다. 취업을 예로 들어 보자. 사람들은 대개 학교를 졸업한 뒤 직장을 구하기 위해 이런저런 자격 시험을 보고, 취업에 필요한 여러 가지를 준비한다. 이 과정을 통과의례에 적용하면 졸업은 분리되는 과정이고 취업은 새로운 사회로 통합되는 과정이다. 그리고 준비 과정이 전이 과정이 된다.

그런데 분리가 갈등이나 다툼에서 비롯될 때는 전이가 더욱 중요해진다. 소중한 친구와 크게 말다툼을 했다고 가정해 보자. 친구와의 다툼(분리) 이후 다시 화해(통합)할 때까지는 마음이 고통스럽고 후회나 분노 따위의 감정에 시달리게 될 것이다. 전이 과정이 어떠냐에 따라서 영영 화해(통합)하지 못할 수도 있다.

여기에 주목한 인류학자가 영국의 빅터 터너(1920~1983)였다. 터너는 통과의례 과정에서 전이 과정에 관심을 두고 연구했다. 앞에서 본 죽음의 경험, 번지 점프, 탁발 등은 모두 전이 과정의 일이다. 아이에서 어른이 되거나, 홀로 살다가 둘이 살게 되거나(결혼), 함께 살던 사람이 죽는 일은 삶의 큰 변화다. 그뿐만 아니라 친구와의 갈등 같은 작은 변화도 빈번하게 생긴다. 따라서 분리와 통합 사이에 놓여 있는 전이는 개인의 삶을 좌우하는 중요한 계기가 된다.

그러므로 전이 과정을 잘 보내는 것이 매우 중요하다. 대개

전이는 삶의 위기와 함께 일어난다. 그것은 전이가 졸업이나 이혼과 같은 분리 다음에 찾아오기 때문이다. 인간이 불행의 나락으로 떨어지는 것은 대개 이 전이 과정에서다. 졸업한 다음 일정 기간 여행이나 아르바이트 등을 하면서 전이 과정을 보내고 취업해서 순조롭게 통합되면 삶이 평화로워지지만, 이 전이 과정이 길어지면 삶이 고통스러워진다. 요즘 지구에서 문제가 되고 있는 청년 백수 같은 경우가 그렇다.

전이는 개인의 문제일 뿐만 아니라 사회의 문제이기도 하다. 국가나 사회는 개인이 전이 과정을 잘 넘기고 보낼 수 있도록 도와야 한다. 그것이 그 사회의 수준을 보여 주는 잣대가 되기도 한다. 그러나 현대 지구인들의 삶을 보면 이 전이 과정이 개인에게 맡겨져 있고, 또한 전이의 시간이 점점 길어지고 있는 듯해서 안타깝다.

통과의례는 인간이 삶이라는 넓은 강을 건너갈 때 징검다리 구실을 한다. 강을 가로지르는 넓은 다리가 아니라 군데군데 딛고 건너갈 수 있게 해 놓은 징검다리다. 징검다리 사이에는 물이 흐르고, 우리는 위험을 무릅쓰고 번지 점프를 하듯 다음 징검다리를 향해 뛰어야 한다. 그 징검다리에는 간격이 좁아서 쉽게 건너뛸 수 있는 곳도 있고 간격이 넓어서 온 힘을 다해 뛰어야 하는 곳도 있다.

격리되는 소녀들

아이들은 어른이 되기를 꿈꾼다. 그래서 어릴 때 소꿉놀이도 하고 화장을 하는 등 어른 흉내 내기를 좋아한다. 그러나 그것은 어디까지나 흉내와 모방에 불과하다. 진짜가 아니다. 진짜로 어른이 되어야 할 수 있는 일 가운데 가장 중요한 것은 결혼이다. 그래서 성인식은 결혼과 깊이 연관되어 있다.

소년은 성인식을 마치면 결혼을 할 수 있는 자격이 생긴다. 그렇다면 소녀는 어떨까?

현대 사회에서 성인식의 전통이 약해지거나 사라지고 있는 것은 남녀의 역할이 과거와 달리 불분명해지면서 생기는 현상일 수도 있다. 옛날 성인식은 소년 중심이었다. 앞의 미얀마의 예에서 보았듯이 소년들은 일정한 시간과 과정을 거치지만, 소녀들은 귀를 뚫는 것으로 간략하게 어른이 된다. 그러니까 소녀들도 성인식을 하지만 소년들의 성인식에 견주어 그 과정이 축소되거나 상대적으로 간략하다는 뜻이다.

그것은 여러 가지 이유 때문이다. 사회가 상대적으로 남성 중심으로 이루어져 있고, 그래서 여성이 상대적으로 차별과 억압의 대상이 되었기 때문이다. 그 차별과 억압의 상징이 바로 월경이다.

소년들도 몸이 성인으로 변하면서 수염 같은 이차 성징이 나타나지만 소녀들의 월경에 비교할 만한 또렷하고 분명한 현상은 없다. 소녀들은 월경을 함으로써 자연스럽게 임신 능력을 증명하고 어른이 될 수 있는 자격을 갖추게 된다. 그러나 소년들에게는 그런 명확한 현상이 없기 때문에 상대적으로 성인식이 중요해진다.

그런데 지구의 인류는 오랫동안 월경의 피를 더럽고 부정하다고 여겨 왔다. 그래서 월경이 시작되면 소녀는 마을에서 격리되어야 했다. 성경에도 월경을 하는 여성은 부정하기 때문에 격리되어야 한다고 나와 있다. 이 격리는 성인식에서 소년이 분리 단계를 거치는 것과 비슷하다. 그러나 소년의 경우는 분리 단계가 일회적이지만, 여성의 경우는 분리가 한 달에 한 번씩 일어난다는 점에서 다르다.

월경에 대한 부정적인 인식과 관련해 인류학자들은 다양한 해석을 내놓았다. 먼저, 여성의 월경이 임신과 연관되어 생명을 상징하기 때문에 남성들이 그것을 두려워한 나머지 부정하다고 주장하고 격리 또는 금기시했다는 설명이 있다. 그런가 하면 사람 몸에서 나오는 액체에 대한 혐오, 즉 침, 땀, 오줌 등과 마찬가지로 피도 더럽고 부정하다고 생각했을 것이라는 설명도 있다. 또한 피는 살해나 희생 등을 연상시키고 그 피의 공포 때문에 여성의 몸에서 나오는 피를 불결하고 부정하다고 생각했을 것이라는 설명까지 매우 다양한 해석이 있다.

위의 설명 가운데 흥미를 끄는 것은 남성의 두려움이다. 여성이 생명을 잉태하는 힘, 다른 말로 인류의 생존을 좌우하는 힘을 지니고 있는 것에 대한 질투 또는 두려움이다. 그런데 인

● 모성이라는 원초적 힘

생명을 잉태하는 일은 인류에게 숭앙의 대상이었다. 동시에 그것은 두려움의 대상이기도 했다. 권력을 쥔 남성들은 여성의 생명 잉태를 질투하고 두려워했다. 그림은 프리다 칼로(1907~1954)의 〈모세〉다.

류 사회는 대체로 남성 중심이었다. 따라서 남성들이 질투와 두려움 때문에 여성들을 억압하고 생명을 상징하는 피를 부정하다고 여기게 되었다는 것이다.

오염을 씻는 의식

인류는 불결하고 부정하다고 생각하는 것을 어떻게 다루어 왔을까? 불결하고 부정한 것에는 위험이 따른다. 더러운 것을 만지면 손에 더러운 것이 묻어서 손도 더러워지는 것과 같다. 그러니까 깨끗한 상태에서 불결하고 부정한 것과 접촉하면 오염되어 불결함과 부정함이 계속 확대된다.

이때 불결하고 더러운 것은 물건에만 국한되지 않는다. 예를 들면 부자가 가난한 사람을 더럽고 불결하다고 생각하기도 하며, 피부색이 다르거나 신체적 장애가 있는 사람을 그렇게 생각하기도 한다. 그래서 그런 사람을 보면 더러운 물건을 피하듯 피하려고 한다. 순수한 것이 불결한 것과 섞이면 불결한 것이 되기 때문이다. 그래서 월경을 하는 여성들을 격리한 것처럼 서로 접촉할 수 없도록 격리시킨다.

이런 이유로 지구에서는 근대에 들어 사회를 떠돌던 정신병자, 바보, 불순한 사람 등을 사회에서 격리했다. 이때 문제가 되는 것은 정신병자나 바보, 불순한 사람을 누가 정하는가 하는 것이다. 여기서 권력의 속성이 나타난다. 때로는 멀쩡한 사람인데 정치적인 이유로 정신병자가 되어 격리당하기도 했다. 우리 아름다운 고리 사람들도 주의해야 할 것이다!

그렇지만 불결하고 부정한 것을 무조건 격리하고 피할 수만은 없는 노릇이다. 어쩔 수 없이 접촉해야 할 때가 있게 마련이다. 그래서 인류는 오염에서 스스로를 보호하기 위해 그것을 씻어

내는 장치를 마련했다. 그 장치의 핵심은 물과 불이었다.

세상에서 가장 무서운 힘을 가진 것은 물과 불이다. 홍수는 농사를 망치고 집을 잃게 한다. 해일은 바다에 닿아 있는 육지를 순식간에 휩쓸어 버린다. 물을 이길 수 있는 것은 없다. 또한 불은 모든 것을 태운다는 점에서 그 어마어마한 위력을 알 수 있다. 종교에서 세례나 정화를 물로 하고, 기도할 때 촛불을 켜는 이유가 이러한 물과 불의 힘을 믿기 때문이다.

영국의 인류학자 메리 더글러스(1921~2007)는 의례에서 씻고 격리하고 소독하는 것은 위생을 위한 것이 아니라 오염을 극복하기 위한 정결 의식이라고 주장했다. 또한 그는 불결한 상태와 정결한 상태 사이에 반드시 중간 상태가 필요하다고 말한다.

예컨대 그것은 의사가 피가 흐르는 수술실에 들어가기 전과 수술을 끝내고 나오기 전에 손을 씻고 소독하는 것과 비슷하다. 물론 의사는 위생 때문에 손을 씻지만, 의례에서는 손을 씻는 것이 위생보다는 정결에 대한 상징 행위에 더 가깝다는 뜻이다.

유대인은 신성한 교회 안에 들어가기 전에 손을 씻는 습관이 있다. 이때 실제로 손이 더러워서가 아니라 세상이 속되고 오염되어 있다고 생각하기 때문에 손을 씻는 것이다. 교회는 밖의 오염된 세상과 다른 신성한 공간이기 때문이다.

그런데 이때 수도에서 나오는 물에 바로 손을 씻는 것이 아니라 물을 틀어서 그릇에 받은 다음 수도를 잠그고 그릇에 담긴 물에 손을 씻는다. 흐르는 물에 손을 씻으면 물이 수도와 연

● 성수를 들고 맞이하는 아기 천사
성당 입구에서 아기 천사가 성수가 담긴
조개껍질을 들고 사람들을 맞이하고 있
다. 성당은 밖과는 다른 성스러운 공간이
기에 성수로 밖의 오염을 씻어 내는 과정
을 거치고 들어가야 한다.

결되어 있기 때문에 전체가 오염될 수 있다고 여기기 때문이다. 즉 오염된 것과 정결한 것은 격리되어야 한다는 말이다. 그래야 모두가 오염되는 것을 막을 수 있다. 따라서 신성한 곳에는 반드시 오염을 씻어 내는 문화적인 장치가 존재한다.

캥거루족과 헬리콥터 맘

아이가 어른이 되는 것은 지금까지 살펴본 것과 같이 매우 복잡하고 깊은 의미를 담고 있다. 우리 아름다운 고리의 사람들도 지구 인류학자들의 연구 성과를 보면서 어른이 된다는 것이 새삼 얼마나 어려운 일인지 깨닫게 되었다.

그런데 성인식을 조사하다가 지구에서 유행하는 매우 흥미로운 말을 몇 가지 알게 되었다. '캥거루족'과 '헬리콥터 맘'이라는 말이었다.

캥거루는 오스트레일리아에 사는 동물로, 두 발로 껑충껑충 뛰는 모습이 인상적이고 배에 주머니가 있는 것이 특징이다. 캥거루는 주머니에 새끼를 넣어 키우는 것으로 잘 알려져 있다. 캥거루족은 거기에서 유래한 말인 듯싶다. 어른이 되어 자립해야 하는데 취직을 하지 않거나 부모에게 의지해서 사는 20~30대 젊은이를 가리키는 말이다. 그러니까 캥거루족은 자립하려는 의지가 없는 젊은이를 가리키는 말이다.

캥거루족과 비슷한 것으로 '피터 팬 증후군'이라는 말이 있다. 어른이 되어도 사회에 적응할 수 없는 아이 같은 남성을 가리키는 말이다. 피터 팬은 시간이 흐르지 않는 곳인 네버랜드에 살면서 그곳을 찾아오는 아이들과 함께 해적들과 싸우며 놀이한다. 피터 팬 증후군은 피터 팬처럼 어른이 되고 싶지 않다는 심리가 잘 드러난 말이다.

캥거루족과 비슷한 사례는 세계 곳곳에 있다. 프랑스에는 독립을 모르는 아들과 자유롭고 싶은 부모 사이의 갈등을 다룬 영화 〈탕기〉에서 유래한 '탕기'가 있고, 이탈리아에는 어머니의 음식을 고집하는 '맘모네', 영국에는 부모의 퇴직 연금을 축내며 사는 '키퍼스', 캐나다에는 직업을 구하러 이리저리 떠돌다

결국 집으로 돌아와 산다는 '부메랑 키즈', 독일에는 부모 집에
눌러 산다고 해서 이름 붙인 '네스트호커'가 있다.

이들 모두 성인으로서 독립적인 삶을 추구하는 것이 아니라
부모에게 의지하며 산다는 점에서 서로 비슷하다. 또한 위에 예
를 든 나라들이 모두 성인식의 전통이 약해진 사회라는 점도
비슷하다.

한편 캥거루족과 짝이 되는 것이 헬리콥터 맘이다. 하나가 사
라지면 나머지 하나도 사라진다는 의미에서 짝을 이룬다.

헬리콥터 맘은 아이가 아니라 어머니가 주인공이다. 자식들
이 자라서 성인이 되어도 자식 주변을 헬리콥터처럼 배회하며

자식의 삶에 깊숙이 간섭하는 어머니를 가리키는 말이다. 그러니까 아이가 성인으로 성장할 수 있도록 도와주는 것이 아니라 오히려 캥거루족이 되게끔 만드는 어머니다. 결과적으로는 아이의 성장을 방해하는 역할을 한다. 헬리콥터 맘 또한 현대화한 사회에서 나타나는 현상이다.

성인식, 특히 남자아이들의 성인식은 아이의 죽음과 더불어 어머니와의 단절이라는 성격을 띠고 있다. 소년에게 성인식은 어머니의 품에서 벗어나 남성의 세계, 즉 아버지의 세계로 뛰어드는 것이기 때문에 어머니와의 단절은 필수적이다. 그러나 사회가 현대화하면서 그런 전통이 사라지고, 게다가 성인식마저 유명무실해지면서 캥거루족이나 헬리콥터 맘이 나타나고 있다.

아이에서 어른이 된다는 것은 일생에서 매우 중요한 사건이다. 우리 아름다운 고리의 사람들은 인류학자들의 연구를 토대로 성인식에 담긴 의미를 새삼 잘 알게 되었다. 우리가 지구로 이주하고 아이를 낳게 되면 아이가 진짜 어른이 될 수 있도록 도와줄 생각이다.

6

결혼과 가족 : 신붓값과
지참금

　우리의 행성 아름다운 고리에는 결혼 제도가 없다. 자유롭게 연애를 하고 아이가 태어날 무렵이 되면 병원에 입원한다. 그리고 아이가 태어나면 곧바로 공동 육아 센터에서 아이를 데려간다. 공동 육아 센터로 간 아이는 그곳에서 생활하면서 교육을 받고 일정한 나이가 되면 독립한다.

　따라서 아름다운 고리에서는 굳이 번거롭게 결혼을 하고 가족을 만들 필요가 없었다. 우는 아이를 재우기 위해 새벽에 일어나지 않아도 되었고 말썽 부리는 아이의 뒤처리 때문에 골머리를 썩일 필요가 없었다. 그래서 아이들 때문에 생기는 스트레스에서 자유로웠다.

　아이들 또한 세심한 관리를 받았기 때문에 비행 청소년이 될 가능성이 극히 낮았다. 지구식으로 표현하면 뒷골목에서 담배

피우면서 침 뱉기를 좋아하는 청소년이 거의 없다는 뜻이다.

이런 이유로 아름다운 고리에서는 지구에서와 같은 부모 자식 관계라는 것이 거의 없었다. 아이와 부모의 관계는 거의 남과 다름없었다. 지구인들이 우리 모습을 보면 매정하다고 비난할지도 모르겠다. 그러나 우리는 결혼하지 않고 공동 육아 센터를 운영하는 것이 최선이라고 믿었다.

그리고 오랜 세월 동안 결혼과 가족은 없는 편이 낫다고 생각하며 살아왔다. 우리의 오래된 역사책을 읽어 보면 아름다운 고리에도 먼 옛날에는 결혼 제도와 가족이 있었다고 나와 있다. 그러나 공동체보다는 개인의 삶과 자유를 더 중요시하게 되면서 점점 결혼하지 않는 사람들이 늘어났고, 자연스럽게 가족이 사라졌다.

그래서 아름다운 고리의 지도자들은 사람들의 요구를 받아들여 공동 육아 센터를 세웠던 것이다. 육아 센터가 처음 세워졌을 때만 해도 여전히 결혼 제도와 가족을 유지하고 싶어 하는 사람들이 있었고 그 때문에 갈등도 있었다. 그렇지만 시간이 지나면서 차츰 결혼 제도와 가족이 없는 상태로 변했다.

그런데 지구에서도 대도시나 현대화한 국가에서 결혼하지 않는 사람들이 늘어나고, 그에 따라 가족이 약화되는 현상을 보게 된다. 홀로 사는 1인 가구나 2인 가구가 크게 늘고 있는 것이 그 증거다.

우리는 인류학자들의 연구를 꼼꼼히 살펴보면서 결혼 제도와 가족의 중요성을 절실히 느끼게 되었다. 그래서 지구에 먼저 갔던 우리 아름다운 고리의 선발 대원들 대부분은 지구에 가자마자 해야 할 것 가운데 하나로 결혼을 꼽았다.

그 까닭은 아름다운 고리에 위기가 닥쳤을 때 그 위기를 견디고 극복하게 해 줄 공동체가 우리에게 없다는 것을 느꼈기 때문이었다. 아름다운 고리가 순식간에 무너진 이유는, 우리가 비록 과학 문명은 크게 발전시켰지만 마음을 나누며 함께 기뻐하고 함께 울어 줄 가족을 없앴기 때문이 아닐까 생각한다. 그래서 위기가 닥쳤을 때 자기만 살겠다고 남을 해치고 친구와 이웃을 공격했다. 지구의 많은 가족처럼 서로를 믿고 함께 위기를 극복하려고 했다면 우리는 그렇게 쉽게 무너지지 않았을 것이다.

우리는 인류학자들의 연구를 살펴보면서, 함께 울고 웃으며 삶을 살아가는 가장 작은 공동체가 가족임을 알게 되었다. 그리고 그 가족을 만들기 위해 결혼이 필요하다고 느꼈다. 이것이 우리가 지구에 가서 결혼이나 결혼과 비슷한 것(오늘날 지구의 상황도 바뀌고 있기 때문에)을 하려는 이유다.

결혼에 담긴 의미는?

지구에서 결혼은 우리가 생각하는 것과 크게 다르다. 인류학자들의 연구에 따르면 결혼에는 여러 의미가 있는 듯하다. 지구의 결혼에 담긴 몇 가지 의미를 살펴보면 다음과 같다.

먼저, 결혼은 개인들의 관계가 아니라 집단 사이의 관계에서 이루어진다. 그래서 결혼한 남녀 가운데 한 사람이 죽거나 두 사람 모두 죽어도 예전의 관계가 꾸준히 유지된다. 결혼한 남녀 사이에서 태어난 아이들이 이런저런 이유로 부모를 잃어도 삼촌과 고모, 외삼촌과 이모 등 관계의 그물이 있어서 아이들을 돌보거나 지켜 준다.

그런데 최근 들어 결혼을 개인들 사이의 관계로 여기는 경향이 강해지고 있다. 옛날에는 결혼식이 며칠에 걸쳐 많은 사람들과 함께하는 공동체의 큰 행사였다면, 오늘날에는 예식장에서 간소하게 치러진다. 그래서인지 결혼을 무효화하는 이혼 또한 그만큼 쉬워졌다. 이런 추세로 가면 아름다운 고리처럼 결혼이 없어질 수도 있다.

결혼의 두 번째 의미는 여러 가지 권리가 이전된다는 것이다. 그 권리는 신랑 쪽에서 신부 쪽으로 넘어가기도 하고, 반대로 신부 쪽에서 신랑 쪽으로 넘어가기도 한다. 결혼을 통해서 노동력이라든가 자녀·재산에 대한 권리 등 많은 것들이 이전된다. 노동력이라고 하면 논밭에서 일하는 노동을 떠올릴지 모르지만 그 논밭을 직장이나 일터로 바꾸어 생각하면 이해하기 쉽다. 여기에는 주로 여성들이 담당하고 있는 가사 노동도 포함된다.

직장에 다니던 여성이 결혼한다고 가정해 보자. 그 여성이 결혼한 뒤 직장을 그만두고 가사 노동에 전념한다면 남성의 처

● 결혼은 권리의 이전

결혼을 통해서 재산에 대한 권리가 이전된다. 특히 아버지의 재산인 딸이 다른 남자에게 이전된다. 결혼 서약을 담은 이 그림은 일종의 재산 내역서인 셈이다. 그림은 얀 반에이크(1395~1441)의 〈아르놀피니 부부의 결혼 서약〉이다.

지에서는 가사를 맡아 줄 새로운 노동력을 얻은 셈이다. 또한 계속 직장을 다닌다면 거기에서 발생하는 수입이 생긴 것이다. 물론 이런 예는 그 사회가 어떤 상황에 있는가에 따라 조금씩 달라지지만, 큰 틀에서는 거의 차이가 나지 않는다.

그렇다면 그 노동력 또는 재산 이전에 대한 대가는 어떻게 지불할까? 우리가 상점에서 돈을 내지 않고 물건을 가져올 수 없듯이 결혼에도 비용이 든다. 그 비용은 크게 둘로 나눌 수 있다. 하나는 신붓값이고 다른 하나는 지참금이다.

신부를 데려오는 값

신붓값은 말 그대로 신부의 값을 지불하는 것이다. 이때 돈을 지불하는 것은 남성 쪽이다. 즉 신붓값은 남성 쪽에서 신부를 데려오면서 그 대가를 치르는 것을 가리킨다. 결혼한 다음 신부가 신랑이나 신랑의 가족이 사는 곳으로 옮겨 가는데, 데려가는 쪽에서 신붓값을 지불한다.

신붓값을 지불하는 곳은 남성을 중심으로 하는 부계 사회와 노동력이 많이 필요한 집약 농경 사회, 목축을 주로 하는 사회에서 널리 찾아볼 수 있다. 신붓값은 노동력과 출산으로 생길 아이들(새로운 노동력)에 대한 대가다. 신부 쪽 가족의 처지에서는 어릴 때부터 딸을 키우는 데 들어간 비용을 신붓값으로 돌려받는 셈이 된다.

그렇다면 신붓값으로 주는 것은 어떤 것들일까? 아프리카의 누에르족의 경우에는 소를 준다. 상아, 개 이빨, 조개 구슬 등을 주는 곳도 있는데, 이것들은 모두 결혼이 이루어지는 지역에서 소중하고 가치가 있다고 생각되는 물건이다.

현대 도시에 사는 사람들은 개 이빨이며 조개 구슬이 무슨 소용이 있겠냐고 의아해할지 모르지만, 그것은 그 지역에서 화폐 구실을 하는 중요한 물건들이다. 현대화한 사회에서는 신붓값을 돈으로 지불하겠지만, 그렇지 못한 곳에서는 화폐처럼 통용될 수 있는 물건을 신붓값으로 지불한다는 뜻이다.

이렇게 신붓값으로 지불하는 물건들은 몇 가지 특징이 있다. 먼저 쉽게 구할 수 없는 것들이다. 위에서 예로 든 상아나 조개 구슬 등은 쉽게 구할 수 있는 물건이 아니다. 구하기 어렵고 희귀한 것들이다. 아니면 바깥세상에서 구해야 하는 것들이다.

신붓값으로 지불하는 물건의 두 번째 특징은 그 물건들을 가진 사람이 사회의 연장자들이라는 점이다. 그래서 젊은이는 결혼을 하기 위해 연장자들의 권위에 따르고 복종해야 한다. 오늘날을 예로 들면, 젊은 사람이 결혼을 위해 저축을 하기도 하지만 집 같은 것은 장만하기 힘들다. 큰돈이 들기 때문이다. 이때 문제를 해결해 줄 수 있는 사람이 연장자인 부모나 친척이다. 그러니까 평소에 부모나 친척들과 좋은 관계를 맺어야 한다.

우리 아름다운 고리에 연장자에 대한 존경심이나 권위에 대한 인정과 같은 특별한 우대가 없는 이유는 위와 같은 결혼 제도가 없고, 일정한 나이가 되어 독립하면 모두 성인 대접을 받기 때문인 듯하다.

신붓값으로 지불할 물건을 연장자들이 독점하고 있는 것은 연장자와 젊은이 사이에서 권위와 그에 대한 복종의 관계를 형성시킨다.

　세 번째 특징은 연장자들이 신붓값으로 사용될 물건을 독점함으로써 젊은이들을 복종시킬 뿐만 아니라 그 사회에 새롭게 유입되는 신부까지 통제할 수 있다는 것이다. 신부는 자신의 노동력을 제공하고 아이라는 새로운 노동력을 출산할 능력이 있는 존재다. 따라서 연장자들은 신붓값으로 활용되는 물건을 통해 젊은이들과 그들의 신부들, 그리고 앞으로 태어날 아이들을 통제할 수 있으며, 그것이 공동체를 유지하는 데 큰 역할을 하게 된다.

　만약 신붓값으로 활용되는 물건을 쉽게 구할 수 있다면 젊은이들과 그들의 신부들은 연장자를 공경하지도 않고, 연장자들의 권위를 쉽게 무시하거나 일거에 무너뜨릴 수도 있을 것이다.

오늘날 사회에서는 이런 일이 자주 벌어지고 있다.

신부가 지불하는 비용

지참금은 신붓값과 반대로 신부 쪽에서 지불하는 비용이다. 얼핏 보면 신붓값과 지참금은 서로 성격이 다른 것처럼 여겨진다. 그러나 엄밀하게 말하면 그 사회가 놓여 있는 상황에 따라 어떤 곳에서는 신붓값을 지불하고 또 어떤 곳에서는 지참금을 지불할 뿐이다. 신붓값과 지참금 모두 결혼 과정에서 발생하는 것이다.

지참금 제도는 계층화된 사회 또는 재산이 중요하게 인식되

● 고대 그리스의 결혼식 풍경

말이 이끄는 수레에 신부가 타고 있다. 신부를 이끄는 행렬은 횃불을 켜고 신랑 집으로 향하고, 그 뒤로 선물을 든 사람들이 결혼 축가를 부르며 따르고 있다. 고대 그리스의 지참금 전통을 볼 수 있다.

고 위력을 발휘하는 사회에서 주로 나타난다.

지참금은 간단하게 말하면 여성이 결혼하면서 자신이 상속받을 권리가 있는 유산을 미리 받아서 가져가는 것이다. 결혼하는 남성 또한 상속받은 재산이나 일을 해서 번 돈에 여성이 가져온 지참금을 보태 더 높은 계층으로 올라가려고 애쓰게 된다. 만약 신부의 지참금이 적거나 남성의 경제 능력이 떨어지면 낮은 계층에 머물게 된다.

지참금과 관련한 인류학의 보고서 가운데 카스트라는 엄격한 신분 제도가 존재하는 인도의 지참금 문제를 다룬 내용이 충격적이었다.

인도에서는 여성이 직업을 구하기 힘들고, 취업하더라도 임금 수준이 매우 낮기 때문에, 신분 상승을 꿈꾸는 여성은 남편을 통해서 그 꿈을 실현해야 한다. 이 신분 상승을 향한 꿈과 딸을 사랑하는 부모의 희망이 더해져서 지참금 액수가 늘어나게 된다.

인도 여성의 결혼에는 오랜 기간에 걸친 준비 과정이 필요하다. 지참금을 마련하기 위해 가족들이 절약해서 저축을 해야 한다. 그리고 웬만큼 준비가 되면 상대를 물색한다. 인도에는 연애결혼도 많지만 대개 중매로 만남이 이루어진다. 중매를 거치면 학력이나 수입, 직업, 외모, 집안 등 신분 상승의 매개가 될 수 있는 사항들을 고려할 수 있다는 점에서 유리하다.

중매로 결혼이 결정되면 힌두교 성직자를 찾아가 점을 쳐서 결혼 날짜를 잡는다. 길일이 한정되어 있는 탓에 많은 사람들이 이때 결혼을 하면서 이른바 결혼 성수기라는 것이 생긴다. 이 무렵이 되면 너도나도 결혼에 필요한 물건이나 서비스를 찾기 때문에 결혼과 관련된 서비스 비용이나 물건값이 폭등한다.

신부는 결혼과 함께 지참금을 건네야 하는데, 지참금은 크게 세 종류다. 첫째는 신랑 집에 건네는 현금이고, 둘째는 결혼 생활에 필요한 냉장고 따위의 물품들(혼수)이고, 마지막으로 결혼식 비용이다.

신부 불태우기

그러나 결혼식을 치렀다고 해서 지참금 문제가 끝나는 게 아니다. 오히려 그때부터 지참금 갈등이 시작된다. 신랑 집에서는 신부에게 더 많은 지참금을 요구하고, 만약 그에 순순히 응하지 않으면 신부를 괴롭히기 시작한다. 그리고 그 괴롭힘의 끝은 신부가 스스로 목숨을 끊거나 살해당하는 것이다.

자살이나 살해가 모든 집안에서 일어나는 것은 아니지만 사회적인 문제가 될 정도로 심각한 상황이다. 옛 통계를 보면 지참금과 관련해서 죽임을 당한 여성의 수가 1986년에 452명, 1987년에 478명에 이른다. 이것은 공식적으로 집계된 수치이며, 신고되지 않아 통계에서 빠진 수치는 훨씬 많을 것으로 추정된다.

지참금 탓에 일어나는 죽음을 지참금 죽음, 또는 많은 경우 불에 태워 죽인다고 해서 신부 불태우기라고 한다. 지참금 죽음과 신부 불태우기는 오늘날 공식 용어로 사용될 만큼 유명한 현상이다.

지참금 문제가 심각한 이유는, 지참금 죽음까지 가지 않더라도 지참금을 마련하기 위해 허리띠를 졸라매고 고민하는 과정에서 온 가족의 삶이 억압되기 때문이다.

지참금이 없어서 결혼하지 못하는 사람도 많다. 실제로 지참금 때문에 고민하던 세 자매가 스스로 목숨을 끊은 일도 있었다. 그래서 인도에서는 딸이 태어나기를 원치 않는 부모가 많다. 양수 검사를 해서 딸이면 낙태를 하는 경우도 많기 때문에 양수 검사 자체를 법으로 금지한 상태다.

흥미로운 사실은 인도의 북부와 남부에서 지참금 현상이 각각 다르게 나타난다는 점이다. 일반적으로 북부에서는 여성이 신분 상승을 위해 자기보다 신분이 높은 남성과 결혼하려고 하는 반면, 남부에서는 신분이 비슷한 남녀가 결혼하는 비율이 높은 편이다.

남부는 쌀농사를 주로 하기 때문에 여성의 노동력이 상대적으로 많이 활용되지만, 북부는 남부에 견주어 여성의 노동력이 크게 존중되지 않는 경제 활동을 한다. 그렇다면 어느 지역에서 지참금 폭력이 더 많이 발생할까? 당연하지만 여성의 노동력이 존중받지 못하고 여성들의 신분 상승 욕구가 강한 북부에서 지참금 폭력이 빈번하게 발생한다.

한편 계층을 기준으로 보면 상류층이나 하류층보다 중산층에서 지참금 폭력이 많이 발생한다. 상류층과 하류층보다 중산층의 신분 상승 욕구가 훨씬 더 강하기 때문일 것이다. 중산층은 자기 소득에 비해 과도한 지참금을 주거나 받음으로써 자신을 과시하고 싶어 한다.

이렇듯 지참금 문제가 심각하자 1961년 인도에서는 지참금 금지 법안을 만들었으며 2005년에는 가정 폭력 법안도 제정했다. 그러나 법이 있어도 인도 사람들의 생각은 빨리 변하지 않는 것 같다. 1988년 인도 북부에서 '신부가 지참금이다'라는 구호를 내걸고 일어난 지참금 반대 운동처럼 지참금에 대한 인식을 바꾸고, 여성들의 적극적인 사회 진출을 도와 여성의 권리를 확대한다면 지참금 문제도 자연스레 해결되지 않을까 싶다. 인도에 살고 싶은 아름다운 고리 사람들은 이 점을 크게 유념해야 할 것이다.

일부다처제와 일처다부제

지구의 결혼에 대해 연구하면서 결혼이 참으로 복잡하다는 것을 알았다. 결혼은 단순히 남성과 여성이 만나서 함께 사는 것이 아니었다. 결혼의 형태와 의미는 그들이 속한 사회의 사고 방식에 따라 크게 차이가 났다.

결혼에는 여러 모습이 있다. 현대 사회에서는 한 명의 여성과 한 명의 남성이 결혼하는 일부일처제가 일반적인 결혼형태다. 그렇지만 지구의 모든 사람들이 그런 결혼 생활을 하는 것은 아니다.

아프리카 대부분의 지역은 남성 한 명이 여러 명의 여성과 결혼하는 일부다처제 사회다. 그러니까 아프리카에서는 일부다처제가 가장 일반적인 결혼 형태라는 뜻이다. 반면 히말라야 산맥 인근에서는 한 명의 여성과 여러 명의 남성이 결혼하는 일처다부제를 선택해서 살고 있다.

왜 지역에 따라 결혼 형태가 다른 걸까? 결혼은 개인들끼리 관계를 맺는 것이 아니라 집단 사이의 관계 속에서 이루어지는 것이다. 또한 결혼의 여러 형태들은 그 지역의 자연환경이나 경제적인 이유 등과 밀접한 관련이 있다.

히말라야처럼 자연환경이 척박한 곳은 많은 사람들이 함께 살기에는 먹을 것이 턱없이 부족하다. 이런 사회에서 인구가 급격히 늘어나는 것은 사회적으로 큰 재앙이다. 생산량보다 인구가 많으면 모두 굶주리게 된다. 아이가 많이 태어나는 것이 축복이 아니라 재앙일 수 있다는 말이다. 농사지을 땅은 조금밖에 없는데 인구, 즉 먹을 입이 많아지면 한 사람에게 돌아가는 몫이 줄어든다. 이런 지역은 인구에 매우 민감할 수밖에 없다.

그래서 히말라야 인근 지역 사람들은 인구가 최소한으로 증가하는 결혼 형태인 일처다부제를 선택한 것이다. 남성이 여럿이어도 한 여성과 결혼하기 때문에, 그 여성이 아이를 많이 낳는다 해도 1~2년에 한 명 낳을 수 있을 뿐이다.

● 일처다부제

히말라야처럼 자연환경이 척박한 곳에서는 인구가 최소한으로 증가하는 결혼 형태인 일처다부제를 선택했다. 일종의 산아 제한 정책인 셈이다.

이와 반대로 부족들 사이에서 전쟁이 자주 벌어진다거나 하는 등의 이유로 남성들이 많이 죽는 사회에서는 일부다처제를 선택하게 된다. 그러지 않으면 많은 여성이 결혼을 하지 못하거나 남편이 사망한 가족의 아내와 아이들이 사회 속으로 통합될수 없게 된다. 이럴 때는 일부다처제를 선택함으로써 그들을 거두어 돌보는 것이 공동체의 평화와 안정을 위해 유리하다.

일반적으로 일부다처제 사회에서는 남성의 사회적 지위와 재산이 중요한 역할을 한다. 즉 사회적 지위가 높거나 재산이 많을수록 많은 아내를 거느릴 가능성이 높아진다. 반면 일처다부제 사회에서는 모계 혈통이나 여성의 사회적 지위, 재산 등이 중요하지 않다. 왜냐하면 일처다부제는 한정된 땅에서 생존하기 위한 전략이기 때문이다.

이처럼 결혼 형태는 자연환경이나 사회 구조에 따라 달라지는 것이기 때문에 일부일처제가 더 우월하고 일부다처제나 일처다부제는 열등하다는 식으로 생각하는 것은 잘못이다. 그것은 각 사회에 적합하게 이루어진 선택일 뿐이다.

유령과 결혼한다?

재혼도 결혼 형태 가운데 하나다. 특히 형제가 죽었을 때 다른 형제가 죽은 형제의 아내를 자기 아내로 삼는 것을 형제 연혼이라고 하며, 결혼한 자매가 죽었을 때 그 자리를 다른 자매가 대신하는 것을 자매 연혼이라고 한다. 이 결혼 형태는 결혼이 개인들끼리의 일이 아니라 집단 사이에서 이루어지는 일이라는 것을 다시금 일깨워 준다.

아프리카의 수단에 사는 누에르족에게는 유령 결혼이라는 형제 연혼 제도가 있다. 만약 형이 죽으면 동생이 형의 아내, 즉 형수를 아내로 맞이한다. 그런데 동생과 그 아내가 된 형수 사이에서 아이가 태어나면 그 아이는 죽은 형에게 귀속된다. 동생이 죽은 형을 대신하는 셈이다. 유령이 된 것은 형이지만, 실제로 유령 역할을 하는 것은 동생이다. 그래서 이런 결혼을 유령 결혼이라고 한다.

오늘날에는 동성 결혼이 새롭게 등장하고 있다. 즉 남성과 남성, 여성과 여성이 결혼하는 것이다. 동성 결혼은 결혼이 집단 사이의 관계에서 개인들끼리의 관계로 변화하면서 나타난 새로운 결혼 형태다.

한동안 아름다운 고리의 사람들은 지구에 정착하면 어떤 결혼을 할지를 놓고 수다를 떨었다. 처음에 남성들은 일부다처제, 여성들은 일처다부제가 좋다며 웃기도 했지만 인류학자들의 연구를 보고 조금씩 생각이 바뀌고 있는 듯하다.

우리가 어디에 정착해서 사는가에 따라 결혼의 모습도 달라질 것이다. 오직 결혼만을 위해 아프리카에서 살 수는 없는 노릇이다. 또한 아무리 일부일처제가 좋아도 자연 경관이 멋진 아프리카에 살기를 희망한다면 그곳 풍습에 따라야 할 것이다.

핵가족의 시대

그런데 결혼을 바탕으로 만들어진 가족은 과연 무엇일까? 가족은 반드시 결혼을 해야만 만들어지는가? 결혼 제도가 없는 우리 아름다운 고리 사람들은 지구의 결혼 제도를 연구하면서 가족에 대해 여러 의문이 생겼다.

앞에서 가족이 사회나 공동체의 가장 작은 구성단위라고 말했다. 그렇다면 가족이 성립되기 위한 최소 단위는 무엇일까? 그것은 오늘날 지구에서 핵가족이 주류를 이루고 있는 것을 보고 생긴 의문이다. 핵가족은 핵심적인 사람들, 즉 부부와 자녀로 이루어진 가족을 가리킨다. 그렇다면 부모와 자식이 가족의 핵심일까?

고릴라나 침팬지 같은 영장류 동물의 무리를 보면 가족의 기본 단위는 어머니와 자녀다. 이때 아버지는 어머니와 함께 생활하는 존재일 뿐이다. 이런 구성은 인류에게도 그대로 적용할 수 있다. 어머니 없이는 아이를 낳을 수 없다는 점에서 그렇다. 이 기본 구도에 아버지가 더해지면 핵가족이 된다.

지구의 인류는 오랫동안 가족이라는 이름으로 무리를 지어 살아왔다. 그리고 지금도 핵가족과는 다른 대가족 형태를 이루고 사는 지역이 훨씬 많다.

핵가족 형태는 인구가 밀집된 대도시와 현대화한 지역, 그리고 북극 근처의 툰드라 지역에 사는 이누이트(흔히 에스키모라고 하지만, 그들은 스스로를 이누이트라고 부른다)에게서 나타난다. 그러니까 지구에서 가장 복잡한 사회와 가장 단순한 사회가 핵가족 형태를 취하고 있는 셈이다. 그 나머지는 아직도 대가족 형태 속에서 살아가고 있다. 그런데 이것은 우연이 아니다.

핵가족은 인류가 무리를 지어 생활하는 것보다 작은 규모의 가족을 이루며 생활하는 것이 유리하기 때문에 등장한 형태다. 예전처럼 사냥을 하거나 채집을 해서 살 때는 웬만큼 사람들이 모여서 무리를 짓는 것이 다른 무리나 맹수를 방어하고 공격하는 데 유리했다.

그렇지만 현대에는 그런 직접적인 방어와 공격이 불필요해지고 경제적인 이유 때문에 소규모 가족을 이루는 것이 더 유리해졌다. 집단 사이의 행사였던 결혼이 핵가족 시대에는 개인들끼리의 행사로 변하고 있는 것도 이런 이유에서다.

핵가족이 복잡한 사회에서 살기에 적합한 가족 형태라고는 해도, 오랫동안 인류가 유지해 왔고 지금도 많은 사람들이 유지하고 있는 대가족 형태의 장점을 놓치지 말았으면 한다.

노인부터 청장년, 아이들까지 여러 연령층의 가족 구성원들이 함께 살면서 서로 나누어 맡았던 역할이 이제는 부부 둘이서만 떠맡아야 하는 무거운 짐이 되고 말았다. 아버지는 할아버지와 삼촌, 외삼촌, 형의 역할까지 맡아야 하고 어머니는 할머니와 고모, 이모, 언니 역할까지 해야 한다. 게다가 자녀의 수가 부쩍 줄어들면서 외아들, 외동딸이 늘고 있는 현실은 이런 상황을 더욱 부추긴다. 현대 사회에서는 핵가족이 생존에 유리하지만 삶의 질이라는 측면에서 대가족보다 불리한 점이 있는 게 사실이다.

그래서 핵가족 시대에는 가족이 아닌 비공식적인 사회관계가 중요해진다. 이를테면 친구나 직장 동료처럼 함께 어울려 생활할 수 있는 존재가 강력하게 요청된다. 이 사회관계에 대해서는 앞으로 많은 연구가 필요할 것이다. 특히 아름다운 고리의 사람들 가운데 현대화한 복잡한 사회로 이주하려는 이들은 고립과 외로움에서 벗어나기 위해 고민해야 할 대목이다.

놀이와 축제 : 놀이하는
인간

지구에서 우리의 흥미를 끈 것 가운데 하나가 놀이동산이었다. 그곳을 조사하고 온 대원의 말에 따르면 넓은 땅 여기저기에 놀이 기구들이 있는데, 그 놀이 기구들을 타면 정신이 어지럽고 속이 메스꺼워서 심할 때는 토하기까지 했다고 전했다. 그러면서 놀이동산에서 놀이 기구를 타며 즐거워하는 지구인들을 도무지 이해할 수 없다고 말했다.

우리 아름다운 고리에는 놀이동산이라는 게 따로 없다. 그래서 놀이동산 이야기를 들은 우리도 궁금했다. 생활 속에서 사람들과 즐겁게 어울려 놀면 될 텐데, 왜 굳이 놀이동산이라는 장소를 만들고, 게다가 현기증이 나게 하는 기구를 타면서 노는 것일까?

우리는 곧 지구인이 되어야 하고 지구에 대해 되도록이면 많은 것을 알아야 했기 때문에 지구인들이 좋아하는 놀이동산에 관한 자료도 찾아서 보았다.

지구에 놀이동산을 처음 만든 사람은 월트 디즈니라는 미국인이다. 디즈니는 애니메이션으로 유명한 사람으로, 1955년에 그가 만든 놀이동산은 그의 이름을 따서 디즈니랜드라고 불린다.

우리는 그곳에서 노는 이들을 담은 영상을 보면서 몇 가지 흥미로운 것을 알아냈다. 첫째는 놀이동산이 지구의 현실 세계와는 전혀 다른 장소라는 점이었다. 그래서 놀이동산 안으로 들어가면 완전히 다른 세계에 온 듯한 느낌을 받게 된다. 지구인들이 믿는 종교 용어를 빌려 표현하면 그것은 아마 천국이나 낙원 또는 지옥에 들어간 느낌일 것이다.

천국이나 낙원은 아름답고 지옥은 무서운 곳이지만, 현실 세계와는 완전히 다르다는 점에서는 똑같다. 현실 세계의 사람들은 죽지만 천국과 낙원, 지옥에는 시간이 흐르지 않기 때문에 죽음도 없다. 또한 현실 세계에서는 먹을 것을 구해야 하지만 천국과 낙원에서는 먹을 것이 주어져 있다. 현실 세계에서는 일을 해야 하지만 천국과 낙원에서는 일을 하지 않아도 된다.

놀이동산은 천국이나 낙원, 지옥은 아니지만 그와 비슷하게 만들어져 있다. 일상 세계와 달리 동물 인형들이 사람들 사이를 돌아다니고 심지어 인간처럼 말도 한다. 또한 애니메이션에 나오는 기묘한 캐릭터들도 있다. 놀이동산이 현실과 완전히 다르다는 것을 보여 주기 위해 지구인들이 변장하고 가면을 쓴 것이다.

또한 밤이 되면 펼쳐지는 퍼레이드는 마법의 세계에 온 듯한 느낌을 준다. 화려하고 신비로운 불빛과 환상적인 공연이 현실과는 전혀 다른 세계를 만들어 낸다. 그리고 무엇보다 현실 세계를 잊게 만드는 가장 큰 요소는 놀이 기구다.

놀이 기구는 원래 그런 용도로 만든 것이다. 현실 세계에서는 거의 느낄 수 없는 아찔함과 공포를 안겨 준다. 현실 세계에서 경험하는 아찔함과 공포는 위험하지만 놀이동산에서 경험하는 아찔함과 공포는 안전한 것이다. 현실 세계에서는 높은 곳에서 떨어지면 부상이나 죽음과 같은 위험이 뒤따르지만, 놀이

● 디즈니랜드
놀이동산은 현실과는 전혀 다른 모습이다. 그곳에는 환상의 세계가 있다. 이런 놀이동산은 지치고 힘든 현실을 잠시나마 잊게 한다.

동산에서는 안전하기 때문에 그 위험한 공포를 즐길 수가 있다. 그래서 그것은 꿈과 같다. 어떤 일이 일어나더라도 눈을 뜨면 끝나고 안도의 숨을 내쉬게 하는 꿈 말이다.

그렇다면 지구인들에게 이러한 놀이동산은 왜 필요한 것일까? 지구에서는 쉬는 날이면 엄청난 무리의 사람들이 가족끼리 또는 연인끼리 놀이동산으로 몰려간다. 왜일까? 놀이동산을 알기 위해서는 먼저 그와 짝이 되는 현실 세계, 즉 일을 해야 하는 세계를 알아야 한다.

일과 놀이의 분리

아름다운 고리에서는 일을 많이 하지 않는다. 우리는 하루에 4~6시간 정도만 일한다. 그리고 일하는 날보다 일하지 않는 날이 더 많다. 우리는 많은 시간을 친구들과 어울리며 이런저런 놀이를 하며 보낸다. 스포츠를 즐기거나(관람하는 것이 아니라), 책을 읽고 대화를 하거나, 음악·미술 등 하고 싶은 일을 한다. 우리 행성의 환경이 파괴되기 전에는 경치가 좋은 곳으로 여럿이 어울려 여행을 가거나 소풍도 많이 다녔다.

그리고 대부분 홀로 놀지 않고 다른 사람들과 함께 어울린다. 우리는 함께할 때 즐거움이 커진다는 것을 알고 있다. 우리가 특히 좋아하는 것 가운데 하나가 연극이다. 마음이 맞는 사람들끼리 모여 준비를 하고 다른 사람들을 초대해서 연극을 상연한다. 우리는 연극배우가 아니기 때문에 능숙하게 하지는 못하지만, 오히려 그 때문에 구경하는 사람들은 더 즐거워한다. 대사를 잊거나 틀릴 때마다 사람들은 웃음을 터뜨리고 한편으로 격려의 박수를 보내 준다.

그런데 우리가 조사한 바에 따르면 지구인들은 우리만큼 놀지 못하는 듯하다. 무엇보다 일을 너무 많이 하고 있다. 그 사실을 잘 지적한 사람은 네덜란드의 역사학자 요한 하위징아(1872~1945)다. 우리는 하위징아가 쓴 『호모 루덴스』라는 책을 읽고 지구인들이 놀이를 어떻게 생각하는지 이해할 수 있었다. 호모 루덴스란 '놀이하는 인간'이라는 뜻이다.

하위징아는 놀이가 인간의 본질 가운데 하나이며, 놀이가 문화의 일부가 아니라 문화 자체가 놀이의 성격을 띠고 있다고 주장했다. 그것은 맞는 말이지만, 우리는 처음에 잘 이해하지 못했다. 우리는 일과 놀이가 늘 함께하는 것이라고 생각하기 때문이었다.

우리 아름다운 고리 사람들의 삶의 목적은 행복이고, 그 행복을 위해 일을 하고 놀이를 즐긴다. 그래서 우리는 일을 놀이하듯이 하고 놀이하듯이 일하는 것을 좋아한다. 따라서 우리는 군이 놀이에 관한 책을 써서, 논다는 것이 어떤 의미인지를 밝혀낼 필요가 있다고 생각해 본 적이 없었다.

낚시를 예로 들어 보자. 어부가 일을 하기 위해 낚시를 한다고 하면 정해진 시간 안에 되도록 많은 물고기를 잡는 것이 목표가 된다. 그렇게 되면 수단을 가리지 않고 많은 물고기를 잡아야 하고, 많이 잡지 못하면 스트레스를 받을 것이다.

그러나 낚시가 놀이가 되면 물고기를 많이 잡는 것이 목표가 아니라 물고기를 잡으며 즐겁게 시간을 보내는 것이 목표가 된다. 물고기를 얼마나 잡았는가는 중요하지 않다. 낚시하러 가기 전부터 마음이 설레고, 물고기와 숨바꼭질이라도 하듯 서로를 탐색하고 꾀를 내는 과정이 중요해진다.

호모 루덴스라는 말이 나온 것은 아마 일과 놀이가 분리되었기 때문일 것이다. 지구에서는 일보다는 노동이라는 말을 더 많이 쓰는 듯하다. 언제부터인지 노동과 놀이가 분리되었고, 따라서 노동하는 시간과 놀이하는 시간, 노동하는 공간과 놀이하는 공간이 분리되었다.

그러면서 노동은 힘들고 놀이는 즐거운 것이라는 생각이 자라났다. 학생의 일은 공부고 일은 힘들다는 등식을 적용하면, 공부는 힘들고 재미없는 것이 된다. 지구의 학생들이 공부를 싫어하는 것도 이런 이유 때문이 아닐까?

그러니까 놀이를 하듯이 일을 하기가 힘들어졌다. 이 때문에 노동하는 현실에서 벗어난 놀이 공간인 놀이동산이 생겨났다. 특히 현대화한 사회에 놀이동산이 있는 것은 뒤집어 말하면 그만큼 일을 많이 한다는 뜻이겠다.

지구의 역사에서 노동과 놀이의 분리가 확실해진 것은 근대에 들어서다. 근대를 지나면서 자본주의가 태동하고 산업 혁명을 거치면서 노동력이 많이 필요해졌다. 노동과 관련한 윤리와 가치가 만들어졌고, 노동이 신성하다는 인식이 생겼다. 그리고 열심히 일하는 개미 같은 사람들에 대한 찬양이 쏟아졌다. 결국 사람들은 제대로 놀지도 못하고 계속 일해야 했다. 먹고살기 위해, 일자리에서 쫓겨나지 않기 위해서라도 어쩔 수 없었다.

개미와 베짱이 가운데 누가 옳을까?

지구에서 유명한 우화 가운데 '개미와 베짱이'라는 이야기가 있다. 개미는 열심히 일해서 겨울에도 배를 곯지 않고 행복하게 지냈지만, 베짱이는 여름에 노래와 음악에 빠져 빈둥빈둥 놀다가 겨울이 되자 먹을 것이 없어서 개미의 집을 찾는다는 내용이다.

일반적으로 지구인들은 개미가 옳고 베짱이가 틀렸다고 말한다. 그래서 개미처럼 근면하게 일해서 미래를 대비해야 한다고, 베짱이처럼 현실을 즐기다가는 미래가 없다고 주장한다. 그래서 지구의 부모들은 아이들에게 이 이야기를 들려주며 개미처럼 살라고 말한다고 한다. 그런데 과연 그게 좋은 걸까? 우리 아름다운 고리의 사람들은 그렇게 생각하지 않는다.

개미의 행복은 어디에 있을까? 개미가 여름에 구슬땀을 흘려가며 일하는 것을 즐겁게 생각하고 거기에서 행복을 느낀다면 개미의 삶도 좋다. 그러나 단지 추운 겨울을 무사히 나기 위해서 봄부터 가을까지 힘들고 고된 일을 해야 한다면, 과연 개미의 삶은 행복한 것일까?

농사짓는 시대라면 개미와 베짱이 우화가 맞을 수 있다. 농사철에 열심히 일해야 가을에 풍요로운 결실을 얻을 수 있었다. 농사철을 놓치면 굶주리는 시대였다.

그러나 오늘날에는 베짱이처럼 저 하고 싶은 대로 하고 지내며 창의성을 키워야 부를 손에 넣는 시대로 변했다. 그런데도 여전히 개미가 옳고 베짱이는 틀렸다고 생각하는 사람이 많다. 정확하게 말하면, 개미와 베짱이는 어느 한쪽이 옳고 그른 것이 아니라 서로 다른 삶을 사는 존재들일 뿐이다.

경기와 놀이의 차이

지구인들이 좋아하는 것 가운데 스포츠라는 것도 있다. 그런데 한 가지 잘 이해되지 않는 것이 있다. 왜 지구인들은 스스로 스포츠를 하지 않고 관람하는 것을 좋아할까? 프로 축구나 프로 야구 같은 경기를 보기 위해 수만 명의 사람들이 경기장으로 모여들고, 이보다 훨씬 많은 사람들이 여러 시간을 들여 텔레비전으로 구경을 한다. 월드컵 같은 경기가 열리면 수억 명의 사람들의 눈이 동시에 축구 경기장으로 향한다.

지구 역사에서 수많은 사람들이 모여 경기를 즐긴 최초의 사례는 아마도 로마 제국에서 찾을 수 있을 것이다. 로마는 시민들에게 이른바 빵과 서커스를 제공했다. 로마는 시민들에게 먹을 것을 주는 한편 검투사의 경기라는 서커스를 보여 주면서 권력을 유지했다. 시민들은 검투사의 경기에 열광했고 그런 즐거움을 제공한 황제를 찬양했다. 그러나 시민들이 검투사의 경기에 빠져 있는 동안 로마는 쇠약해졌고 시민들의 함성과 함께 몰락해 갔다.

여기서 한 가지 의문이 들었다. 축구 같은 스포츠나 검투사의 경기는 놀이일까? 아니면 스포츠를 관람하거나 검투사의 경기에 열광하는 것이 놀이일까? 이 질문에 답하려면 경기와 놀이의 차이를 살펴봐야 한다.

● 검투사의 경기
고대 로마의 원형 극장에서는 날마다 검투사들의 경기가 열려 수많은 사람들이 관람하며 즐겼다. 그러나 검투사에게 경기는 놀이가 아니었다. 그림은 장 레옹 제롬(1824~1904)의 〈뒤집힌 엄지〉다.

먼저, 경기는 규칙이 정해져 있다. 축구 경기는 시간이 정해져 있다. 그리고 오프사이드(상대가 수비에 들어갈 때 상대 수비수보다 골문에 가까이 있으면 비신사적이라고 해서 반칙 행위가 된다.)와 같은 경기장 내에서 지켜야 하는 규칙이 있다. 규칙을 어기면 반칙이 선언되고 그에 상응하는 불이익을 받게 된다. 야구나 농구 등 다른 스포츠도 마찬가지다. 또한 경기는 질서를 지켜야 한다. 경기 중에 관중이 경기장으로 들어가서도 안 되고, 선수가 관중석으로 들어가서도 안 된다. 즉 경기는 정해진 규칙과 질서 속에서 행해진다.

그런데 놀이는 조금 다르다. 놀이라는 것 자체가 기존에 있던 것에 변화를 주는 것이다. 즉 놀이는 규칙과 질서를 비틀고 뒤집음으로써 성립한다. 예를 들어 즐거운 이야기를 나눌 때 규칙과 질서에 따라, 그러니까 문법에 맞춰 말을 하면 즐겁지가 않다. 그것은 수업 시간이나 공식적인 자리에 필요한 행위다. 그러나 사람들이 킬킬거리며 즐겁게 이야기할 때는 오히려 문법을 어기거나 비속어를 쓰기도 한다. 내용도 이치에 맞지 않게 황당하게 하고 문법을 깨뜨리며 말장난을 할 때 사람들은 즐거워한다. 그것이 놀이다.

축구를 하더라도 경기가 되면 규칙에 따라야 하고 잘해서 이겨야 하겠지만, 놀이가 되면 참가자들이 헛발질을 하고 공을 엉뚱한 곳으로 차면서 웃고 즐거워한다. 여기서 경기가 놀이와 결정적으로 다른 점이 드러난다. 그것은 바로 타인과의 경쟁에서 이기는 것이다.

경기를 하면 경쟁에서 이겨야 한다. 경기에서 패하고 기분 좋은 사람은 없다. 심지어 검투사의 경기에서는 패하면 목숨을 잃을 수도 있다. 즉 경기는 승부를 가려야 하고 결과적으로 이기는 쪽과 지는 쪽이 생긴다. 그래서 경기의 목적은 남을 이기는 것이 된다.

반면 놀이는 타인과의 경쟁에서 이기는 것을 목적으로 삼지 않는다. 놀이의 목적은 남을 패배시키는 것이 아니다. 놀이를 통해서 그 놀이에 참가한 사람들이 친해질 수 있다. 놀이는 공동체를 하나로 묶어 준다. 만약 놀이로서 축구를 한다면 함께 땀 흘리고 서로 격려하면서 친밀도를 높이고 그 과정에서 즐거움과 행복을 느끼게 된다.

예전에 유럽의 선교사가 아프리카에 갔다가 그곳 원주민들에게 축구를 가르쳐 주었다. 아프리카 원주민들은 곧 축구의 재미에 빠져 열심히 공을 찼다. 그런데 선교사들은 이상한 점을 하나 발견했다. 벌써 시간이 지났고 승부가 났는데도 주민들이 축구를 끝내지 않고 계속 공을 차고 있었던 것이다.

처음에는 축구가 하도 재미있어서 그러나 싶었는데, 그렇게만 보기에는 좀 이상했다. 그래서 선교사들이 주민들에게 이제 승부가 났으니 그만 끝내라고 말하자 주민들이 의아한 표정을 지으며 물었다. "무승부가 되지 않았는데 어떻게 축구를 끝낸단 말이오?"

그러니까 선교사들은 축구를 경기로 생각하고 원주민들은 축구를 놀이로 생각한 것이다. 그래서 원주민들은 무승부가 날 때까지 축구를 계속해서 패배한 쪽이 없게 만들려고 했던 것이다.

경쟁을 하면 반드시 패배한 사람이 나오게 마련이다. 거기서 갈등과 다툼이 자라기 시작한다. 반면 놀이는 승패가 없는 즐거운 시간을 보내면서 갈등과 다툼을 없애고 모두 행복해지게 한다.

이누이트 사람들의 노래 시합

놀이가 공동체 구성원들 사이에서 생긴 갈등과 다툼을 해소하는 데 도움을 주는 사례로 그린란드 이누이트 사람들의 노래 시합을 들 수 있다. 미국의 인류학자 애덤슨 호벨(1906~1993)은 이누이트 사람들이 갈등과 다툼을 해결하기 위해 독특하게 노래 시합을 한다는 사실을 보고했다.

노래 시합은 불만이 있는 사람이 결투를 신청하는 것처럼 노래 시합을 신청하는 것으로 시작된다. 노래에 자신이 없으면 대리인을 내세울 수도 있다. 노래 시합이 시작되면 익살과 야유, 조롱 등으로 상대를 공격한다. 노래 시합에는 결투에 쓰는 총이나 칼 따위가 필요 없다. 필요한 것은 상대를 잘 놀릴 수 있는 말솜씨와 노래 실력이다. 예를 들면 이렇다. "난 네가 노래를 부르지 못하게 하겠어. 아니, 목소리도 내지 못하게 만들 거야."

이렇게 말하면서 상대의 입을 막는 시늉을 한다.

노래 시합이 시작되면 사람들이 모여들어 즐거운 표정으로 구경한다. 조롱을 받았다고 해서 화를 내면 안 된다. 노래 시합의 목적은 갈등과 다툼을 해결하는 데 있기 때문이다.

물론 노래 시합에서 상대의 말문이 막히게 하거나 청중의 압도적인 지지를 받는 쪽이 승자가 된다. 그러나 승자가 된다고 해서 딱히 얻는 것은 없다. 왜냐하면 노래 시합의 목적은 어디까지나 갈등이나 불만을 해소하는 것이기 때문이다. 그것은 높은 산에 올라가 큰 소리를 지르거나 실컷 노래 부르고 나면 분노며 울적한 마음이 풀리는 것과 비슷하다.

이누이트 사람들의 노래 시합이 최고조에 이르는 것은 원래 목적을 잊어버리고 노래에 열중할 때다. 그럴 때 노래 시합은 정말 아름답고 행복한 놀이가 된다.

질서를 파괴하는 축제

승패가 없는 즐거운 시간을 보내면서 갈등과 다툼을 없애고 모든 이를 행복하게 만들어 주는 것 가운데 최고는 축제다.

지구에서는 축제가 기원전 8000년~6000년께 근동 지방에서 처음 열린 것으로 추정된다. 초기의 축제는 자연의 순환과 관련이 있었다. 예를 들어, 기원전 5000년경 이집트에서는 나일 강이 홍수로 범람했다가 물이 빠져서 땅이 다시 비옥해지면 신에게 감사하는 축제를 열었던 것으로 보인다.

고대에 축제를 연 때는 주로 봄과 가을이었다. 봄은 희망의 계절이고 가을은 풍요의 계절이다. 봄에는 죽었던 땅에서 꽃이 피어나고 생명이 다시 살아나는 것을 신에게 감사하고, 가을에는 풍요로운 결실을 감사하는 축제를 열었다. 오늘날에도 지구에는 봄의 꽃 축제, 가을의 추수 감사절 같은 축제가 남아 있다.

축제는 시간이 흐르면서 점점 과격해지고 놀이의 성격이 강해졌다. 그러한 대표적인 축제가 카니발이다. 카니발의 가장 큰 특징은 무질서다. 경기는 규칙과 질서에 따라야 하지만, 강렬한 놀이인 축제는 규칙과 질서를 파괴한다.

카니발이 시작되면 주인과 노예, 귀족과 평민 같은 신분 질

서가 무너지고 신분이 낮은 사람이 높은 사람을 조롱한다. 축제
는 질서가 아니라 혼돈을 추구하기 때문에 기존의 질서를 모두
무시하고 파괴한다. 질서와 규칙이 주던 억압에서 벗어나 스스
로를 해방하는 시간이기 때문이다. 축제 때 사람들은 식욕도 해
방시켜 마음껏 먹고 마신다.

축제는 기존 질서를 파괴하기 위한 것이다. 그리고 그 파괴
를 통해서 새로운 질서를 만들어 낸다. 그것을 극명하게 보여
주는 것이 연말에 벌이는 축제다. 연말은 한 해의 끝을 뜻한다.
연말 축제에서는 그해에 억압받았던 마음을 해방시킴으로써
질서와 규칙을 지키는 데서 비롯된 피로를 풀고, 하고 싶은 대
로 거리낌 없이 행동하며 쌓인 스트레스를 푼다. 그 과정에서

● 인도의 홀리 축제
홀리 축제가 열리면 모든 사람들이 아무한테나 물감이며 색색의 가루를 마
구 뿌리고 던진다. 홀리 축제는 오늘날까지 이어져 내려오는데 축제가 열
리는 날에는 신분 제도의 벽을 넘고 힌두교의 금기 사항을 무시해도 된다.

마음속에 담겨 있던 분노와 갈등 따위가 사라지고 새로운 한 해를 평온한 마음으로 맞이할 수 있게 된다.

이러한 연말 축제의 성격은 앞에서 본 노래 시합과 같은 기능을 한다. 즉 사람들 사이의 관계에서 생긴 갈등과 분노 등을 없애고 관계를 복원함으로써 공동체가 유지될 수 있게 해 준다.

바보들의 축제

지구의 서양에서 축제가 가장 성행한 때는 중세였다. 중세에는 일 년에 석 달 이상 축제를 열었다. 축제가 열리면 사람들은 상류 사회와 당시 서양을 지배하던 이념인 기독교를 조롱했다. 광대들이 가면을 쓰고 권력자들을 야유하고 놀려 댔다.

이런 축제를 못마땅하게 여긴 교회는 축제를 없애려고 여러 차례 시도했지만 민중이 원했기 때문에 쉽게 없애지 못했다. 심지어 기독교 사제들인 신부들까지 가면을 쓰고 축제에 참여해 상류층과 종교 지도자들을 조롱하는 데 가세했다. 그것이 바로 바보들의 축제, 즉 바보제였다.

그런데 근대에 들어서 축제 열기가 수그러들었다. 축제는 비합리적이고 원시적인 것으로 취급받기 시작했다. 그리고 놀이보다는 노동을 신성시했다. 그리하여 지구 사람들은 축제와 같은 강렬한 놀이 문화를 잃게 되었다.

이처럼 근대로 들어와 과학적 사고가 세상을 지배하게 되면서 문화적인 가치를 소홀히 여기고, 인간의 비합리적인 감정보다 합리적인 이성을 더 중시하면서, 놀이 문화는 점점 더 약화되었다. 하위징아는 바로 이런 점을 안타까워하여 『호모 루덴스』를 통해 놀이의 가치를 복원하려 한 것이었다.

현대 사회에서 축제는 국가적인 기념일과 결합되거나 단순히 먹고 마시는 행사로 바뀌었다. 축제를 가득 채웠던 열기와 흥분은 사라지고 술에 취한 사람들의 고함 소리나 간간이 들려오게 되었다. 다행히 최근에는 지구에서 축제가 다시 살아나는

● 민중의 축제와 종교 권력의 대립
왼쪽 끝에는 술집, 오른쪽 끝에는 성당의 일부가 보인다. 왼쪽 아래에서는 술통을 탄 남자와 흥청대는 군중이 축제를 즐기는 반면, 오른쪽 아래에서는 수레를 이끄는 수도사와 수레에 탄 여인이 극기에 힘쓰고 있다. 피터르 브뤼헐(1525~1569)의 〈카니발과 사순절의 대결〉이다.

추세다. 지역 문화가 활성화하면서 작은 공동체들이 스스로 준비하고 함께 즐기는 축제가 늘어나고 있다.

축제가 필요한 이유는 질서와 규칙이 요구되는 일상에서 잠시나마 벗어나 공동체에 속한 사람들과 함께 신분이라든가 남녀노소 구분 없이 어울려 놀면서 가슴에 쌓인 분노와 갈등, 절망 등을 떨쳐 내고 새로운 마음으로 살기 위해서다. 따라서 축제는 반드시 규모가 커야 할 필요도 없고 돈을 많이 들일 필요도 없다. 함께 놀 구성원들이 즐거운 마음으로 나서 주기만 하면 된다.

축제 때 왜 가면을 쓸까?

흔히 가면은 무엇인가를 감추기 위해 쓰는 것으로 생각하기 쉽다. 그것은 사람들 눈에 띄지 않기 위해 변장하는 것과 가면의 용도가 비슷하다고 생각하기 때문이다. 그러나 축제 때는 무엇인가를 숨기기 위해서가 아니라 오히려 드러내기 위해서 가면을 쓴다.

원래 얼굴 위에 가면을 쓰는 것은 신이 되기 위해서였다. 보이지 않는 신의 모습을 세상에 드러내기 위해 가면을 썼다. 가면을 쓴 사람은 새로운 인격을 얻게 된다. 만약 신의 가면을 썼다면 그 사람은 신이 된다. 또한 호랑이 가면을 썼다면 호랑이를 상징하는 용맹함을 갖춘 사람이 되는 것이다. 여기서 신이나 호랑이는 현실의 질서와 규칙 속에 존재하지 않는 것들이다. 따라서 가면은 세상의 질서와 규칙에 없는 존재들을 세상에 드러내기 위해 썼다는 것을 알 수 있다.

가면은 세상과 새로운 방식으로 소통하려고 쓰는 것이기도 하다. 새나 동물의 가면을 쓴다는 것은 자연 세계를 통해 인간 세계를 비판할 수 있는 계기를 만드는 것이다. 그것은 동물을 주인공으로 내세워 세상을 조롱하는 우화와 비슷한 구실을 한다. 지구의 대표적인 우화집 『이솝 우화』에도 수많은 동물이 주인공으로 나와 인간 세상의 허위와 위선을 비웃는다.

축제 때 가면을 쓴 사람은 많은 사람들 앞에서 귀족을 비롯한 상류층을 조롱하며 그들의 비열함이나 추악한 모습을 폭로하였다. 축제라는 무질서 속에서 가면을 통해 질서 속에 숨겨져 있는 더러운 비밀을 드러내는 것이다. 여기서도 가면은 숨김보다는 드러냄의 역할을 한다.

축제 때 쓰는 가면은 기존 질서에 담긴 허위와 위선을 폭로하고 질서를 허물며 새로운 관계를 형성해서 새로운 질서를 만들고자 하는 축제의 기본 성격과 잘 어울린다. 이런 이유로 축제에는 수많은 가면이 등장하는 것이다.

III
사회와
세계

종교와 사회 : 신들은 어디에
있을까?

우리 아름다운 고리의 문화도 그렇지만 지구 인류의 문화도 크게 둘로 나뉜다. 즉 물질문화와 정신문화가 그것이다. 아름다운 고리는 과학 문명으로 대표되는 물질문화가 더욱 발전한 행성이었다.

인류가 살아가기 위해서는 단백질이나 탄수화물처럼 에너지가 되는 영양소를 섭취해야 한다. 에너지를 얻지 못하면 죽음에 이르게 된다. 또한 추위나 비바람에서 보호해 줄 수 있는 옷이 필요하며, 사람들과 함께 지낼 집과 같은 공간도 있어야 한다. 이와 같은 의식주는 아주 기본적으로 필요하다.

이 기본적인 것에서 물질문화가 발전했다. 예를 들면 김치찌개를 먹는 것과 스파게티를 먹는 것은 먹는다는 면에서는 같지만, 그것을 둘러싼 문화적인 요소는 다르다. 또한 집에도 초가 집이나 텐트 같은 것도 있고 아파트나 성 같은 것도 있다. 옷도 단순하게 몸에 걸치는 것을 넘어서 패션이라는 매우 복잡한 문화적인 요소가 작용한다.

한편 인류가 동물의 차원을 뛰어넘을 수 있었던 것은 언어를 중심으로 하는 정신문화를 발전시켜 왔기 때문이다. ^^ 라는 부호를 예로 들어 보자. 이 부호는 사람이 웃는 모습을 뜻한다. 그런데 이 부호에는 사람의 얼굴이 갖추어야 할 눈이나 코, 입, 귀 등이 어디에도 없고 얼굴 윤곽조차 없다. 그러나 인류가 이 부호를 자유롭게 쓸 수 있는 것은 정신문화의 토대가 되는 상징에 대한 이해가 있기 때문이다.

아름다운 고리에서든 지구에서든 생활을 하기 위해서는 정신문화와 물질문화 모두 필요하다. 추위나 더위를 막아 주는 옷은 물질문화지만 어떤 옷을 입을 것인지는 정신문화와 관계가 있다. 거듭 말하건대, 길쭉한 막대기를 닮은 지구 인간의 몸은 우리 아름다운 고리 사람들의 취향과 많이 다르다. 아, 고귀한 삼등신! 그러나 벌써 지구의 패션에 관심을 보이는 대원들도 생겨나고 있다.

한편 물질문화와 정신문화의 관계는 놀이터에 있는 시소에 비유할 수 있다. 한쪽이 올라가면 다른 한쪽은 아래로 내려간다. 물질문화, 즉 먹고 입는 것에 지나치게 관심을 쏟으면 정신문화, 즉 상상력이 풍부한 생각이나 미술·음악과 같은 예술, 종교 등에 대한 관심이 줄어든다. 그 반대도 마찬가지다.

우리 아름다운 고리의 사람들은 돌이켜 보면 과학과 기술의 발전에 지나치게 많은 관심을 기울이고 살아온 듯하다. 그것이 우리 삶에 꼭 필요한 것이긴 하지만, 우리에게 불행이 닥쳐왔을 때 우리를 위로하고 그 위기를 함께 극복할 수 있게 하는 종교의 힘이 너무 부족했다. 서로 격려하고 마음을 함께 나눌 수 있는 그 힘이 부족했다.

다행히 지구에는 여전히 종교를 기반으로 하는 정신문화가 풍요롭게 남아 있다. 때로 지구의 인류는 종교 때문에 전쟁을 일으키기도 했고, 정신문화의 핵심 가운데 하나인 종교가 옛날보다는 약화되기도 했다. 그렇지만 종교가 여전히 인류의 삶에 깊이 뿌리내리고 있다는 것은 다행스러운 일이다.

우리 아름다운 고리의 사람들이 지구에 정착해 살면서 애써야 할 것 가운데 하나가 지구에서 정신문화와 물질문화가 조화롭게 균형을 이루게 하는 것이다. 지구의 대표적인 스승 가운데 하나였던 예수는 사람에게 빵뿐만 아니라 말씀도 필요하다고 했다. 이때 빵은 물질문화를 상징하고 말씀은 정신문화를 뜻한다고 볼 수 있다.

같은 어머니를 둔 형제들

지구에는 수없이 많은 종교가 있다. 그것은 종교가 없는 사회나 민족이 없기 때문이다. 한 사회나 공동체가 큰 무리 없이 유지되기 위해, 구성원들이 결속하기 위해 반드시 필요한 것이 종교와 종교 문화다.

그것은 같은 조상을 둔 사람들이 가족이나 씨족을 이루는 것과 비슷하다. 가족이나 씨족에 속한 사람들은 서로 가족 또는 친척이라는 생각을 갖고 서로 돕고 살며, 가족이나 씨족 이외의 사람들과 구별해서 대한다. 마찬가지로 종교가 같은 사람들은 서로를 형제나 자매로 여기고 보살펴 준다.

지구에는 엄청나게 많은 종교가 있기 때문에 여기서 모두 다룰 수가 없다. 그래서 대표적인 종교 몇 개만 살펴보면서 종교의 역할, 문화의 토대로서의 종교에 대해 설명하려 한다.

현재 지구에는 4대 종교라고 불리는 것이 있다. 4대 종교는 가장 큰 종교 네 가지를 말하는데, 여기서 크다는 것은 그 종교를 믿는 사람들의 수가 많다는 뜻이다.

4대 종교는 기독교, 이슬람교, 불교, 힌두교다. 그런데 이들 종교 가운데 기독교와 이슬람교, 그리고 불교와 힌두교가 서로 사촌지간이라고 부를 수 있을 만큼 가깝다.

기독교의 유래는 구약 성경을 신봉하는 유대교다. 유대교 신자인 유대인들은 기독교의 모태인 신약 성경의 주인공 예수를 믿지 않았기 때문에 유럽에서는 심한 박해를 받았다. 20세기 초반에는 독일의 지배자 히틀러에 의해 대학살을 당하기도 했다. 그러나 유대인과 예수 모두 이스라엘의 조상인 아브라함의 후손이다.

그리고 이슬람교는 유대인이 살았던 팔레스타인에서 멀지 않은 아라비아에서 태동했는데, 이들의 조상 또한 아브라함이다. 그러니까 유대교, 기독교, 이슬람교 모두 아브라함이라는 같은 뿌리에서 갈라져 나왔다.

그런데 지구에서는 기독교와 이슬람교를 믿는 사람들끼리 사이가 좋지 않다. 아름다운 고리 사람들은 이런 한집안 형제들의 싸움을 이해하기가 무척 힘들다.

한편 이런 관계는 불교와 힌두교에도 그대로 적용된다. 불교

● 한 뿌리에서 나온 유대교, 기독교, 이슬람교
유대교, 기독교, 이슬람교는 모두 아브라함을 조상으로 두며 구약 성경을 공통 기반으로 한다. 이 세 종교는 한 뿌리에서 나온 세 갈래로, 모두 하나님을 믿는다. 그림은 렘브란트 반 레인(1606~1669)의 〈아브라함과 세 천사〉다.

와 힌두교는 모두 인도에서 기원했다.

두 종교가 있기 전에는 애초에 브라만교가 있었다. 브라만교는 왕과 귀족을 중심으로 한 계급 종교였다. 따라서 브라만교에서 보통 사람들은 배제되었다.

그 틈을 비집고 나타난 것이 불교였다. 불교를 창시한 석가모니는 고행과 명상을 통해 깨우침을 얻었으며, 계급 철폐와 평등을 주장했다. 또한 사람들에게 깨달음을 얻어 스스로를 구원하라고 설파했다. 많은 사람들이 이 가르침을 따랐다.

● 앙코르 와트
처음에는 힌두교 사원으로 지어졌으나, 훗날 불교 사원으로 바뀌었다. 불교와 힌두교는 같은 뿌리에서 나와 공통된 우주관을 지니고 있다.

이에 위기를 느낀 브라만교는 철학적이고 사변적이어서 일반 사람들이 이해하기 어려웠던 브라만교의 교리를 『마하바라타』와 『라마야나』 같은 쉬운 이야기로 풀어서 설명하고, 우주의 질서보다는 생활에 중심을 두는 종교로 탈바꿈했다. 그것이 힌두교다. 이렇게 되자 인도인들 대부분이 불교를 버리고 힌두교로 돌아갔다.

그렇지만 두 종교는 모두 공통된 우주관을 지니고 있고, 윤회에서 벗어나 해탈을 추구한다는 점에서 궁극적인 지향점이 같다.

한편 불교는 인도를 벗어나 중국, 한국을 비롯한 아시아에 큰 영향을 끼쳤으며, 여러 변화를 거쳐서 오늘날에도 세계의 많은 사람들에게 가르침을 전하고 있다.

이렇듯 4대 종교가 둘씩 짝을 이루어 같은 뿌리에서 나왔다는 것과 모두 아시아 지역에서 발생했다는 것은 매우 흥미롭다.

종교는 어디에서 왔을까?

지구에서도 종교를 연구하기 시작한 것은 얼마 되지 않았다. 본격적인 연구는 19세기에 찰스 다윈(1809~1882)이 진화론을 주장하고 지그문트 프로이트(1856~1939)가 무의식을 발견한 이후에야 이루어졌다. 그전까지 종교를 연구하는 것은 신에 대한 모독으로 여겼기 때문에 드러내 놓고 마음껏 연구할 수 없었다.

지구의 인류는 신의 이름으로 마녀사냥과 같은 끔찍한 행위도 저질렀다. 자기와 다른 종교를 믿는 사람이나 생각이 다른 사람들을 마녀라고 부르며 가혹하게 고문하거나 불에 태워서 죽였다. 우리 아름다운 고리 사람들은 마녀사냥에 대해 알고서는 그 야만적인 행위와 생각에 분노했다. 지구를 침략해서 혼을 내야 한다는 주장도 나왔다. 그러나 그것이 한때 일어난 사건임을 받아들이고는 곧 냉정함과 침착성을 되찾았다.

19세기를 지나면서 과학의 발달에 힘입어 신에게서 자유로워진 지구의 인류학자들은 종교의 기원을 따져 물었다. 종교는 어디에서 왔으며, 왜 인류는 종교를 만들었을까?

에드워드 타일러(1832~1917)는 종교의 기원에 대한 물음에 애니미즘을 해답으로 내놓았다. 애니미즘은 다른 말로 정령 숭배라고 한다. 애니미즘은 그것이 바위든 나무든 인간이든 모두 영혼을 지니고 있다는 생각이다. 오래된 나무나 형태가 특이한 돌 앞에서 절을 하거나 두 손 모아 비는 것은 나무나 돌에 영혼이 있고, 그래서 자신의 기원을 들어줄 것이라는 생각에서 비롯된 행위다.

반면 사회학의 아버지로 꼽히는 프랑스의 에밀 뒤르켐(1858~1917)은 타일러를 비판하며 종교의 기원을 토테미즘에서 찾았다. 토템은 한 사회 또는 공동체를 상징하는 것으로 주로 동물인 경우가 많다. 예를 들면 어떤 부족의 토템은 독수리이고 다른 부족의 토템은 앵무새가 될 수 있다.

● 나무의 정령

인류는 오랫동안 바위든 나무든 모두 영혼이 깃들어 있다고 여겼다. 그림은 나무의 정령이 달팽이를 보살피는 등 숲을 가꾸는 모습이다.

토템은 몇 가지 특징이 있다. 먼저 그 사회나 공동체가 토템의 이름으로 불린다는 점이다. 그리고 토템과 관련된 신화나 전설이 존재하고, 일반적으로 토템을 음식 재료로 쓰지 않는다는 금기가 있다. 즉 앵무새를 토템으로 하는 사회에서는 앵무새를 잡아먹지 않는다. 대개는 먹을 수 없는 것들을 토템으로 삼는다. 그리고 토템이 같은 사람들끼리는 결혼하지 않으며 토템과 관련된 의례가 있다.

토템의 특징을 살펴보면 토템이 종교적인 믿음, 곧 신앙과 비슷하다는 점을 발견할 수 있다. 토템과 관련된 전설이나 신화(종교 교리)가 있고 금기가 있으며 의례(종교 예배)가 있다는 점

● 토템 폴

북아메리카의 인디언은 마을 어귀에 자기 부족이 모시는 동물을 새긴 기둥을 세운다. 토템은 공동체를 상징하며, 관련된 신념이나 의례가 있다. 뒤르켐은 토템이라는 체계 자체가 종교의 기원이라고 주장했다.

에서 그렇다. 뒤르켐은 토테미즘을 토대로 사회 구성원이 하나의 토템으로 묶인다는 점에서 그 체계 자체가 종교의 기원이라고 주장했다.

종교의 역할은 무엇?

지구의 인류는 왜 종교를 만들었을까? 종교를 연구하는 인류학자들은 종교가 인류를 눈에 보이지 않는 세계, 초자연적인 존재나 힘으로까지 이어 주는 역할을 한다는 점에 동의한다. 예를 들면 인류는 종교를 매개로 이미 세상을 떠난 조상과도 여전히 관계를 맺으며 살고 있다. 죽은 조상을 위해 추도식을 하거나 죽은 조상의 후손들이 한자리에 모일 수 있는 것도 이런 관계 때문이다.

대도시처럼 현대화한 곳에도 유물이나 유적이라고 일컬어지는 죽은 사람들이 남겨 놓은 흔적이 많다. 심지어 국제기구인 유네스코에서는 '세계 유산'이라는 것을 정해서 그 유물이나 유적이 훼손되지 않도록 보호하고 있다. 이처럼 살아 있는 사람들은 죽은 사람들과 끊임없이 관계를 맺으며 살아가고 있다.

종교는 인류가 감당하기 힘든 일을 당했을때, 예를 들면 고대에 강력한 태풍 같은 재해가 발생해 재산을 잃고 가족을 잃었을 때 그것을 신의 뜻이라고 여기고 자신의 삶을 반성하고 수습해서 다시 새로이 출발할 수 있는 동기를 제공해 주었다. 또한 그럴 때는 같은 조상을 둔 사람들이 친척으로서 그들을 도와준다.

종교의 역할을 다룬 인류학자들의 연구를 정리해 보면 몇 가지로 정리된다.

먼저, 종교는 설명이다. 종교는 죽은 사람이 꿈에 나타나거나 사람들의 감각으로 이해할 수 없는 초자연적인 현상, 이를테면 유령이나 귀신 등에 대해 설명해 준다. 또한 인류가 살고 있는 세상이 어떻게 만들어졌는지, 인간이 죽은 다음에는 어떻게 되는지도 친절하게 설명해 준다. 특히 죽은 다음의 세상에 대해서는 종교가 최고의 지식을 갖고 거의 절대적인 힘을 발휘한다. 그래서 종교를 믿지 않는 사람들도 장례식만은 종교적으로 치른다.

둘째로, 종교는 정당성을 부여해 준다. 종교는 인류에게 도덕과 사회적 질서, 윤리 등을 제시함으로써 개인이 제멋대로 살지 못하게 통제력을 발휘하며, 사회적 질서에 따라 도덕적이고 윤리적으로 사는 사람들의 행동에 정당성을 부여해 준다.

사람들이 평소 노약자를 돌보고 도둑질이나 살인을 하지 않는 이유는 그렇게 하는 것이 정당하다는 믿음이 있기 때문이다. 그리고 그 믿음은 종교에서 말하는 신이나 조상에게서 유래한다. 예컨대 기독교의 십계명처럼 인간이 해서는 안 되는 일을 정해 놓고 신의 이름으로 신성하게 만들어서 사람들이 그 계명에 따라 사는 게 정당한 행위라고 믿게끔 하는 것이다.

셋째로, 종교는 인간의 약한 면을 강하게 만들어 준다. 예컨대 어떤 일에 실패하거나 질병에 걸렸을 때 체념하고 포기하는 것이 아니라 종교적인 힘으로써 극복하고 이겨 낼 수 있다. 또한 홍수나 기근 같은 자연재해를 당해도 그대로 주저앉는 것이 아니라 역시 종교적인 힘을 통해 극복할 수 있다. 종교는 인간의 능력을 강화해 준다.

힌두교의 암소 숭배

종교는 개인과 사회에 큰 영향을 끼친다. 대표적인 사례로 꼽을 수 있는 것이 힌두교의 암소 숭배와 이슬람교의 돼지 혐오다.

먼저 인도의 암소 숭배를 살펴보자. 인도인 대다수가 믿는 힌두교는 암소를 살해하는 것을 신성 모독으로 여기며 암소를 숭배하고 쇠고기 식용을 금지하고 있다. 쇠고기를 먹는 인근 국가 파키스탄과 분쟁을 일으킬 정도다. 얼핏 어리석어 보이기까지 한다. 힌두교는 왜 암소를 숭배할까?

인도는 최근까지 농사를 주로 하는 국가였다. 그리고 농사를 지으려면 수소가 반드시 필요했다. 수소는 밭을 갈거나 짐을 나르는 도구로 쓰였다. 오늘날 사회와 비교하면 트랙터와 트럭 역할을 한 셈이다. 그런데 인도는 이렇게 요긴하게 쓰이는 수소가 늘 부족했다.

그 수소를 낳는 것은 암소다. 암소는 종교의 보호 아래 어디든 자유롭게 돌아다닌다. 그리고 엄청난 양의 배설물을 남긴다. 먹고 싸는 것이 자유다. 또한 거리를 다니면서 사람이 먹을 수 없는 것들을 먹어 치운다.

암소의 배설물은 연료와 비료로 사용된다. 암소의 배설물은 천천히 연소되고 매연을 발생시키지 않는 깨끗한 연료다. 석탄이나 석유 같은 화석 연료를 대신하기 때문에 환경 보호에도 유리하다.

인도의 기후를 보면 주기적으로 가뭄과 무더위가 찾아온다. 이때 굶주림을 벗어나기 위해 쇠고기를 먹고 싶다는 순간적인 욕구를 통제하지 못하면 가뭄과 무더위가 끝난 뒤 우기에 농사 짓는 데 필요한 소가 사라지게 된다. 소가 없으면 연료와 비료도 얻을 수 없다. 소가 사라지면 농사가 불가능해지고 더 큰 재앙이 닥쳐온다.

그래서 힌두교는 공동체가 멸망하지 않고 생존할 수 있도록 암소 숭배라는 종교적 금기를 만든 것이다. 굶주린다면 얼마나 먹고 싶겠는가. 식욕 같은 본능은 법으로 통제하기 힘들다. 그러나 사람들이 모두 믿고 따르는 종교적 금기는 그 무엇보다 강력하게 사회에 작용한다.

한편 오늘날에는 힌두교의 암소 숭배가 산업화로 인한 파괴로부터 농촌을 보호하는 역할을 한다. 현대 사회에서 문제가 되고 있는 도시화, 대량 생산으로 인한 자연 파괴 등을 암소 숭배를 통해 막고 있다.

이슬람의 돼지 혐오

이슬람교는 돼지고기에 대한 금기가 있다. 이슬람교를 믿는 사람은 돼지고기를 먹지 않는다. 그 이유는 무얼까? 지구에 온 선발 대원들은 돼지고기의 부드러운 맛에 매혹되었다. 혀에 착 착 감기는 그 맛은 지구식으로 표현하면 둘이 먹다가 하나가 죽어도 모를 정도였다. 그런데 왜 이슬람교를 믿는 사람들은 이 맛 좋은 돼지고기를 먹지 않을까? 우리는 너무나도 궁금했다.

그것은 이슬람교가 태동한 지역이 초원과 사막 지대라는 사실을 염두에 두면 이해하기 쉬워진다.

돼지는 숲이나 그늘진 강둑에 서식하며, 곡식이나 열매처럼 인간이 먹는 것을 먹이로 삼는다. 돼지가 서늘한 곳을 좋아하는 이유는 몸의 열을 땀으로 내보내지 못하기 때문이다. 인간도 땀을 흘려서 체온을 조절하는데, 돼지는 인간이 흘리는 땀의 3퍼센트 정도밖에 배출하지 못한다. 그래서 돼지는 더운 곳을 싫어하며, 더위를 식히기 위해 습기가 많은 진흙에서 뒹구는 것을 좋아한다. 온도가 높아지면 심지어 자기 배설물 위에서도 뒹군다. 이 때문에 돼지가 더럽고 불결하다는 이미지가 생긴 것이다. 신체적으로는 다리가 짧고 몸이 육중하기 때문에 먼 거리를 이동하기에도 불리하다.

그런데 옛날에 이슬람교를 믿는 사람들이 주로 살던 초원과 사막 지대는 물과 습기가 부족하고 더운 지역이다. 기본적으로 돼지를 사육하기에 부적합한 곳이다. 게다가 돼지는 먹는 것도 곡식과 열매여서 같은 것을 먹는 인간과 경쟁한다. 뿐만 아니라 젖을 생산하는 소나 양과 달리 돼지는 젖을 생산하지 못한다. 돼지는 오직 고기로만 활용할 수 있을 뿐이다. 그러니까 돼지는 초원이나 사막 지대의 사치품이었다.

이와 달리 소는 고기뿐만 아니라 우유도 제공하고, 운송 수단 구실도 하며, 배설물은 연료와 비료로 활용할 수 있고, 가죽도 쓸 수 있는 등 돼지와 비교할 수 없을 정도로 쓰임새가 많다. 그 점은 초원이나 사막 지대의 양과 낙타도 다르지 않다.

그런데 돼지고기는 부드럽고 맛이 뛰어나다. 따라서 돼지고기에 대한 종교적 금기가 없다면 부유한 사람들은 그 고기를 먹기 위해 물이 부족한 땅에서 돼지를 키울 수도 있다. 그러면 그만큼 가난한 사람들은 살기가 힘들어지기 때문에 함께 살아가야 하는 공동체에 큰 해가 된다. 따라서 공동체의 생존과 유지를 위해 이슬람교는 돼지고기에 대한 종교적 금기를 설정한 것이다.

종교와 주술, 그리고 과학

종교와 비슷한 것 가운데 주술이라는 게 있다. 주술은 일반적으로 어떤 의도를 품고 초자연적인 방법을 사용하는 신앙이나 관념을 가리킨다. 그것을 치료와 같은 좋은 의도로 사용할 때는 백주술, 사람을 해치는 등의 나쁜 의도로 사용할 때는 흑주술이라고도 한다.

그런데 흥미로운 것은 주술이 발달한 사회에는 어떤 현상이나 사건에 반드시 원인이 있다고 생각하는 결정론적 세계관이 강하게 자리 잡고 있다는 점이다. 예를 들면 주술이 발달한 사회에 사는 사람들은 질병처럼 좋지 않은 일이 발생하면 누가 나쁜 주술을 걸었기 때문이라고 믿는다. 누가 병에 걸리면 자기 위생 상태나 생활 습관을 돌아보고 반성하는 것이 아니라, 자기를 해치고 싶어 하는 누군가가 자기에게 주술을 걸었다고 생각하는 것이다. 따라서 그 치료를 위해 주술사를 찾아가게 된다.

주술의 대표적인 방법은 서로 비슷한 것을 통하거나 접촉을 통제하는 것이다. 예를 들면 인형을 만들어 놓고 바늘로 찌르

● 환자를 치료하는 주술사
주술은 사람이 아프면 나쁜 귀신이 붙었다고 여기고, 치료하려면 귀신을 쫓아내야 한다고 본다. 그림은 주술사가 환자에게서 귀신을 쫓아내는 모습을 그린 것이다.

면 자기가 해치고 싶은 사람이 고통을 당한다고 생각하는 것이나, 사냥을 나가기 전에 사냥하고 싶은 동물을 주술사가 그림으로 그리면 그 동물을 잡을 수 있다고 믿는 것이다.

접촉 통제는 불결한 것이나 금기로 설정된 것과 접촉했을 때 불행한 일이 생긴다고 여기고 이를 금지하는 것이다. 그래서 지역에 따라 불결한 것을 만질 때는 왼손을 사용하는 곳도 있다. 음식을 먹을 때는 오른손을, 화장실에서 뒤처리를 할 때는 왼손을 쓰는 사례가 그렇다.

주술은 종교와 마찬가지로 이 세상에서 일어나는 이해하기 어려운 일들을 설명하려고 한다. 사냥에 실패했을 때 정보나 실력이 모자라는 것을 인정하기보다는, 누가 사냥을 나가기 전에 해서는 안 되는 일을 했다고 생각하면 사냥 실패에 따르는 자책감이나 분노에서 벗어날 수 있다.

그러므로 주술을 믿는 사회에서 주술사가 행하는 주술은 언제나 성공적이다. 어떤 일이 성공하면 주술 덕분이고 실패하면 누가 나쁜 마음으로 주술을 건 탓이라고 치부하면 된다. 따라서 주술의 효과는 그것을 믿는 사람에게는 절대적이다.

과학은 세상의 많은 현상을 모두 설명하지는 못해도 체계적이고 합리적으로 설명할 수 있다. 반면 주술은 우리처럼 과학 문명을 이룬 사람들에게는 비합리적인 것으로 보인다. 그러나 실제로 그곳에 사는 사람들에게는 세상에서 일어나는 모든 것을 설명해 주는 교과서와 같은 것이다.

종교가 세상의 불가사의한 현상을 설명한다는 점에서는 주술과 비슷하지만, 주술이 훨씬 더 강제적이고 믿음을 강요한다는 점에서 차이가 있다.

주술사와 정신과 의사

주술을 믿는 사회에서는 누가 주술에 의해 저주에 걸려서 자기가 죽을 거라고 믿게 되면, 주변 사람들 또한 그 믿음에 동의한다. 그래서 저주에 걸렸다고 여겨지는 사람은 가족과 사회에서 배척받게 된다. 아무도 그를 도와주지 않는다. 주술이 감염될 수도 있기 때문이다. 주술에 걸렸다고 믿으면 이전까지 멀쩡했던 그 사람은 심한 공포와 불안에 사로잡힌 나머지 실제로 심장이나 위장 등에 심각한 이상 징후를 나타내게 되고, 결국 죽음을 맞이하기까지 한다.

이것이 주술의 효과다. 다만 주술이 효과를 발휘하려면 그 사회가 주술에 대한 믿음이 있어야 한다. 그 사회가 주술을 신뢰하고 필요로 해야 하는 것이다.

오늘날 사회에서 주술사 역할을 맡고 있는 것은 정신과 의사라고 할 수 있다. 이 둘은 어떤 차이가 있을까? 프랑스의 인류학자 클로드 레비스트로스(1908~2009)는 주술 치료사와 정신과 의사의 관계를 다룬 매우 흥미로운 글을 남겼다.

정신에 이상이 생긴 사람을 주술사와 정신과 의사가 각각

자기가 속해 있는 사회에서 치료한다면 어떻게 될까? 결론부터 말하면, 주술사와 정신과 의사 모두 비슷한 효과를 발휘한다. 오늘날에는 주술이 미신이고 비합리적이라고 생각하지만, 주술을 믿는 사회에서는 위력을 발휘하기 때문이다.

물론 치료하는 과정은 다르다. 주술을 믿는 사회에서 정신의 혼란이 찾아온 것은 환자 내부의 문제가 아니라 외부의 주술 때문이므로 환자는 수동적으로 있고 주술사는 능동적으로 치료 행위를 하게 된다. 주술사가 환자에게 씌워진 주술을 벗겨 내기 위해 끊임없이 말을 하고, 환자는 정신 혼란을 가져온 주술이 벗겨지기를 수동적으로 기다리면 된다.

그러나 정신과에서는 그 반대 과정을 밟는다. 정신에 이상이 온 사람의 문제가 내부에 있기 때문에 그것을 끄집어내기 위해 환자가 능동적으

● 주술사

주술사(무당, 샤먼)는 우리가 사는 세상과 눈으로 볼 수 없는 세상을 이어 준다. 그럼으로써 병을 치료한다. 오늘날 정신과 의사 또한 의식의 세계와 무의식의 세계를 이어 줌으로써 병을 치료한다. 사진은 바이칼 호 근처에 살던 부족의 주술사가 입던 옷과 가면이다.

로 말을 해야 하고, 정신과 의사는 수동적으로 그 이야기를 듣는다.

그러나 주술적 치료와 정신과 의사의 치료는 모두 효과를 발휘한다. 이때 주술적 치료는 주술에 대한 사회의 믿음과 요구 때문에 주술사의 명성이 높을수록 치료 효과가 더 좋아진다. 그러니까 주술사의 실제 능력이 뛰어나서 환자의 병을 더 잘 고치는 것이 아니라, 주술사가 뛰어난 능력을 가진 사람이라는 명성이 환자의 병을 고칠 가능성이 높다는 뜻이다. 이처럼 주술 치료는 집단적인 성격을 띤다. 반면 정신과 치료는 개인적인 성격을 띤다.

종교와 사회, 그리고 똥과 오줌

이런 주술에 대한 사회의 믿음을 종교로 바꿔 놓으면 종교가 사회에 미칠 수 있는 영향이 얼마나 큰지 쉽게 이해할 수 있다. 여기서 말하는 종교의 영향이란 신에 대한 믿음 같은 신앙의 측면보다 사회에 속해 있는 구성원들의 세계관이나 정서에 미치는 영향을 가리킨다.

뒤르켐은 공동체의 사람들이 생활을 꾸려 갈 수 있게 만들어 주는 체계, 즉 사회가 신이라고 주장했다. 그러니까 신이 저 하늘이나 땅속에 따로 존재하는 것이 아니라 우리가 살아가는 사회 자체가 신이라는 뜻이다. 그리고 그 신을 중심으로 우리가 사회적인 관계를 맺음으로써 서로 해치지 않고 어울려 살 수 있게 된다는 주장이다.

쉽게 말하면 거울을 생각하면 된다. 우리가 거울 앞에 서면 내 모습이 거울에 비친다. 그러나 거울 속에 있는 나는 진짜 내가 아니라 비친 모습, 즉 투사된 모습이다. 진짜는 거울 앞에 있다. 거울 앞에 우리가 살아가는 세계가 있고 거울 안에 종교가 있는 것이다. 그런데 그 거울은 시장에서 살 수 있는 평면거울이 아니라 변형된 거울이다. 이때 변형된 거울은 앞에 있는 모습을 그대로 비춰 주는 것이 아니라 뒤집거나 비틀어 놓는 거울을 뜻한다.

종교를 변형 거울에 비유하는 까닭은 종교가 초인간적인 힘이나 존재와 관계있기 때문이다. 초인간적인 힘이나 존재는 하늘을 날거나 시간을 자유롭게 오가는 등 시공간을 초월하기 때문에 시공간의 한계를 안고 있는 인간 세계를 그대로 비출 수 없다.

죽은 뒤에 영원히 산다는 생각이나 영혼이 자유롭게 이동할 수 있다는 생각은 변형되고 뒤집어진 거울 때문이다. 그것은 인간이 늙고 죽는 현상, 마음대로 원하는 곳으로 갈 수 없다는 것을 종교라는 변형 거울로 뒤집어 놓았기 때문에 나온 것이다. 이런 측면에서 종교와 사회는 그것이 뒤집혀 있든 뒤틀려 있든 서로 닮았다고 말할 수 있는 것이다.

그렇다면, 좀 엉뚱한 물음이지만 인간은 왜 똥과 오줌을 더

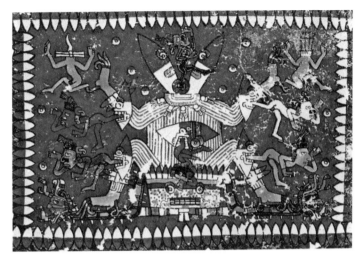

● 신이란 사회 그 자체

아스텍 문명의 신 관념이 표현된 그림이다. 태초에 모신(가운데)이 피조물들을 낳고 있다. 여러 피조물들은 평화의 신, 삶과 죽음을 지배하는 신 등으로 성장한다. 어쩌면 모신은 사회 그 자체이고, 자녀 신들은 사회의 각 기능이 아닐까?

럽다고 생각할까? 모두 자기 몸속에서 나온 것인데 왜 더럽다고 생각하고 숨기려 할까? 그 생각의 기원을 더듬어 올라가면 종교적인 세계관과 만나게 된다.

종교나 사회 모두 신이나 조상을 중심으로 이루어져 있다. 그리고 신과 조상의 영역은 신성한 곳으로 정해진다. 신이나 조상을 모신 사당이나 신전은 신성한 장소이기 때문에, 일반 생활 공간에서는 허용되는 일이 제한된다. 예를 들면 시끄럽게 떠들 수 없다. 그리고 그 신성한 영역과 대비되는 것이 세속적인 공간이다. 그곳에서는 시끄럽게 떠들어도 된다. 즉 공간이 중심

(신성한 곳)과 주변(세속적인 곳)으로 나뉘게 된다.

뒷골목이나 어두운 곳이 주는 이미지에서 알 수 있듯이 사회의 주변부는 위험하고 더러운 곳이다. 이런 생각을 우리 신체에 적용시키면 몸 밖으로 배출되는 것은 신성한 것이 아니라 주변적인 것, 더럽고 위험한 것이 된다.

이 생각을 다시 남성이 중심에 놓인 사회에 적용하면, 여성은 주변에 속하고 위험하고 더러운 존재가 된다. 그래서 월경을 하는 여성을 부정하다고 여기고 사회에서 격리하는 사회가 존재한다. 남녀 차별의 근거도 여기에서 생겨났다.

물론 지구의 현대화한 사회에서는 중심과 주변에 대한 이러한 관념이 약해지고 그에 따라 남녀 차별도 크게 개선된 상태지만, 똥오줌 등의 생물학적인 분비물에 대한 예전 관념은 여전히 남아 있다. 똥오줌의 사례는 종교와 사회가 서로 얼마나 영향을 끼치는지를 살펴볼 수 있는 하나의 예에 불과하다.

신화와 의례, 그리고 거짓말

지구에 있는 대부분의 사회는 신화와 의례를 갖고 있다. 신화와 의례는 인류가 출현한 아주 오래전부터 전해진 것으로 오늘날 사회에서도 여전히 의미가 있다. 신화와 의례를 인간 생활에 적용하면 신화는 말에, 의례는 행동에 비유할 수 있다.

사람들의 말과 행동이 다를 때 그 말을 거짓말이라고 한다.

인류가 생활 속에서 말과 행동이 다를 때가 많기 때문에 말은 거짓, 즉 신화는 거짓이라는 생각을 하게 되었다. "신화가 무너졌다."고 말하거나 "그것은 신화야."라고 말할 때 신화는 거짓이라는 뜻으로 쓰인다.

신화가 참인지 거짓인지 알아보기 위해 아메리카 원주민 신화 하나를 예로 들어 보자.

아주 먼 옛날 사람들이 사냥과 채집으로 먹을 것을 장만하던 때의 일이다. 어느 날 사람들이 사냥을 하러 나갔다. 그날따라 가까운 곳에서 사냥감을 찾지 못해 멀리까지 가게 되었다. 그런데 너무 멀리 간 탓인지 길을 잃고 말았다. 그들은 마을로 돌아가는 길을 찾느라 우왕좌왕했다. 그래서는 안 되겠다고 생각한 추장은 사람들을 모아 놓고 의논했다.

"이럴 것이 아니라 신에게 제물을 바치고 마을로 돌아가는 길을 가르쳐 달라고 합시다."

그들은 화톳불을 가운데에 두고 제물을 바치고 제사 의식을 치렀다. 그때 어디서 조그만 아이가 나타나 그들을 향해 걸어왔다. 그들은 의식을 멈추고 일제히 그 아이를 바라보았다.

"나는 북쪽의 별이다. 너희들의 마을은 여기서 북쪽으로 한참 가야 있다. 나를 따라오너라."

사람들은 기뻐하며 아이의 뒤를 따라갔다. 얼마쯤 갔을까, 아이는 어디론가 사라지고 그 대신 그들의 마을이 눈에 들어왔다. 그들은 마을에 도착하자 다시 모여 앉았다.

"이제부터 우리를 구해 준 북쪽의 별을 움직이지 않는 별(북극성)이라고 부르기로 하자."

사람들은 의례를 통해 그때의 일을 잊지 않고 기억했다. 훗날 그때의 사람들이 죽자 하늘로 올라가 별이 되었는데, 그것이 북극성 주위를 도는 별이라고 한다.

이 신화는 그대로 받아들이면 황당하다. 별이 아이의 모습으로 세상에 나타난 것도 그렇고, 사람들이 죽어서 별이 된다는 것도 그렇다. 이렇게 보면 신화는 거짓이다.

그러나 그 별을 사회를 지탱해 주는 가치나 미덕의 상징으로 본다면 신화는 다른 이야기가 된다. 즉 사회가 혼란에 빠지고 (길을 잃고) 사람들이 어떻게 살아야 할지 모를 때 간절한 마음으로 모여 머리를 맞대고(제사 의식을 지내고), 그럼으로써 새로운 가치와 미덕(별)을 찾아내 새로운 질서 속에서 평화롭게 살게 되었으며(마을로 돌아옴), 사람들은 그것을 잊지 않고 기억(의례)한다는 내용이 된다.

또한 별을 임진왜란 때 조선의 영웅이었던 이순신처럼 인물을 상징한다고 봐도 된다. 이렇게 보면 신화는 진실한 이야기가 된다. 그리고 그 이야기를 기억하기 위해 의례를 치른다. 이처럼 신화는 그 신화를 갖고 있는 사람들의 생각과 정서를 담고 있다.

인류학에서 신화와 의례에 대한 관심은 신화와 의례가 사회와 어떤 관계를 맺고 있는지에 초점이 맞춰졌다. 사회적인 시각에서 신화와 의례를 바라보기 시작한 학자는 영국의 브로니슬라브 말리노프스키(1884~1942)다.

말리노프스키는 남태평양의 트로브리안드 사회를 연구한 뒤, 신화는 골동품 같은 고대 인류의 유산이 아니라 사람들이 실제로 살아가고 있는 그 사회 속에서만 이해할 수 있는 사회적 사건이라고 주장했다.

말리노프스키는 신화가 현재의 사회관계를 강화하고 정치 구조를 정당화하는 역할을 한다고 보았다. 비유해서 말하면, 사회 구조 속에서 조상의 역할을 하고 있는 게 신화라는 것이다.

또한 레비스트로스는 신화가 다양한 문화를 토대로 가공된 것이라고 보았다. 그것은 인류가 신화 속에서 정신적 자유를 누릴 수 있다는 생각을 토대로 한 것이다.

따라서 신화는 사회와 문화를 이해하는 중요한 열쇠가 된다고 정리할 수 있겠다. 아름다운 고리 사람들도 지구인이 되었을 때 그 사회를 지탱하는 신화들을 잘 살펴봐야 할 것이다.

정치와 권력 : 힘은 어디에서
올까?

사람들이 많이 모여 사회를 이루면 그 사회에 속한 사람들이 건강하고 평화롭게 살 수 있도록 사람들 사이의 이해관계를 조정하거나 법과 같은 규칙을 통해 사회 질서를 바로잡는 역할을 하는 것이 정치다. 이 말을 단순하게 표현하면, 정치는 한 사회나 국가를 포함한 공동체를 다스리는 일이라고 할 수 있다.

우리 아름다운 고리는 법을 엄격하게 집행해서 사회를 통제하는 정치를 선택했다. 우리는 어릴 때부터 공동 육아 센터에서 자라면서 거의 세뇌에 가까울 정도로 법에 대한 존중과 타자에 대한 배려를 배웠으며, 개인의 욕구를 조절하는 방법을 익혔다.

또한 아름다운 고리에서는 개인의 욕구를 조절할 수 없게 만드는 알코올이나 마약류는 가혹할 정도로 엄격하게 통제했다. 아름다운 고리를 다스린 정치가들의 의도는 사회의 질서를 해칠 수 있는 요소는 미리 차단하겠다는 것이었다. 아름다운 고리는 법과 질서가 촘촘하게 지배하는 사회였다.

그런데 우리는 지구를 연구하면서 지구가 아름다운 고리와 많이 다르다는 사실을 깨달았다. 지구에서도 법과 질서가 지배하고 있지만 아름다운 고리처럼 철저하고 엄격하지 않았다. 또한 알코올과 마약류도 비교적 자유롭게 유통되고 그에 따른 문제가 많이 발생하고 있었다.

흥미로운 것은 처음에는 미개하다고 생각했던 지구의 정치에 대해 아름다운 고리의 선발 대원 가운데 다수가 호감을 나타냈다는 점이다. 솔직히 말하면 그동안 아름다운 고리는 통제와 감시가 심했기 때문에 본래의 자연스러운 모습을 숨기고 살아야 했던 것이다.

때로는 응어리진 마음을 술로 푸는 것도 좋을 텐데 우리는 그런 마음을 기계적으로 숨기고 억압하며 살았다. 물론 지나치게 풀어 놓아서는 안 되겠지만, 그래도 가끔 감정을 드러냄으로써 서로를 이해할 수 있는 방법도 있다는 것을 지구 사람들을 보며 깨달았다.

그래서 우리는 지구에서 어떤 과정을 거쳐 오늘날의 정치 제도를 갖추게 되었는지에 관심을 갖고 인류학자들의 연구를 살펴보았다.

표범 가죽 추장

사람들은 기본적으로 자기들 마음대로 하고 싶어 하기 때문에 사회가 이들의 욕구를 조정하고 통제하는 일이 중요해진다. 두 사람이 함께 식당에 가도 각자 먹고 싶은 음식이 다른 것처럼 많은 사람들이 모이면 원하는 것도 제각각이기 마련이다. 그렇다고 사람들이 원하는 것을 모두 들어줄 수도, 허용할 수도 없는 노릇이다. 그래서 그 욕구의 조정과 통제가 필요해진다.

그런데 아직 정치 제도가 없는 사회, 다른 말로 해서 조정과 통제의 힘이 없는 사회라면 사람들의 제각기 다른 욕구 때문에 발생하는 갈등이나 다툼을 어떻게 해결할까? 또한 집단 사이의 갈등이나 다툼을 어떻게 해결해야 할까?

앞에서 많은 사회의 결혼이 개인과 개인의 관계에서 이루어지는 일이 아니라 집단 사이에서 이루어지는 일이라는 것을 살펴 보았다. 결혼이 집단의 행사라는 점은 결혼하는 두 집단이 혈연관계를 맺는 것을 뜻한다.

그 혈연관계는 다른 공동체와 다툼이 벌어졌을 때 유용하게 활용된다. 곧 결혼을 통해 맺어진 관계는 동맹 관계가 된다. 이와 반대인 경우는 대립 관계다. 집단 사이의 기본적인 원리는 동맹과 대립이다. 달리 표현하면 서로 손을 잡는 관계가 있고 등을 돌리는 관계가 있다는 것이다.

아프리카의 누에르족은 갈등과 다툼이 벌어지면 표범 가죽 추장에게 도움을 청한다. 그런데 표범 가죽 추장은 경찰 같은 공권력도 없고 권력을 휘두를 수 있는 위치에 있지도 않다. 그렇지만 표범 가죽 추장은 부족들 사이에서 벌어진 다툼과 갈등을 해결한다.

표범 가죽 추장이 양쪽을 화해시킬 수 있는 것은 부족의 위계질서에서 중심이 아닌 바깥에 있기 때문이다. 즉 이해 당사자가 아니기 때문에 가능하다. 표범 가죽 추장은 실제로 표범 가죽을 몸에 걸치고 있기 때문에 그렇게 불린다.

표범 가죽 추장은 권력 체계가 없는 곳에서 부족과 같은 공동체 사이의 갈등과 다툼을 어떻게 해결하는지를 잘 보여 준다. 선생님(권력 체계)이 없는 곳에서 친구끼리 싸움이 벌어졌을 때 그들 바깥에 있는 다른 친구가 그 싸움을 말려야 끝이 나는 것과 비슷하다.

● 표범 가죽 추장
표범 가죽 추장은 작은 규모의 사회에서 공동체 사이의 다툼과 갈등을 해결한다.

표범 가죽 추장은 두 공동체의 갈등과 다툼을 해결하고 그 대가를 받기 때문에 부유하다. 또한 그 중재를 통해 능력을 과시하고 추종자들을 모을 수 있다. 이 풍부한 재산과 많은 추종자들이 훗날 다른 갈등이나 다툼이 벌어져 중재를 해야 할 때 다시 위력을 발휘한다. 표범 가죽 추장은 갈등과 다툼이 많을수록 더 많은 재산을 얻고 더 많은 추종자를 거느릴 수 있다.

그리고 누에르족은 무엇보다 표범 가죽 추장이라는 탈출구가 있어 공동체 사이의 갈등이나 다툼이 더 확대되지 않고 적절한 수준에서 마무리되기 때문에 어느 정도까지는 서로 싸우고 화를 낼 수 있다. 이 점은 매우 중요하다. 다툼과 갈등이 반드시 부정적인 결과만 초래하는 것은 아니기 때문이다. 갈등과 다툼을 피하거나 억누르지 않고 드러내 놓고 지혜롭게 해결할수록 공동체의 결속력도 높아질 수 있다.

선물을 나누어 주는 사람, 빅맨

표범 가죽 추장과 비슷한 사람으로 빅맨(big man)이 있다. 빅맨은 몸집이 큰 사람을 가리키는 말이 아니라, 많은 사람들에게 신뢰와 존경을 받는 사람을 가리킨다. 보이는 것이 큰 것이 아니라 보이지 않는 명예가 높은 사람이 빅맨이다. 빅맨도 표범 가죽 추장처럼 부유하고 많은 추종자들을 거느리고 있다. 또한 표범 가죽 추장처럼 빅맨도 경찰 같은 공공의 권력을 갖고 있지 않다.

빅맨이 표범 가죽 추장과 다른 점은 공동체를 이루는 사회의 바깥이 아니라 중심에 있다는 점이다. 또한 빅맨은 표범 가죽 추장보다 훨씬 규모가 큰 사회에서 찾아볼 수 있다.

많은 사람들의 신뢰와 존경을 한 몸에 받는 빅맨이 되려면 많이 나눠 주어야 한다. 따라서 빅맨이 되려면 나누어 줄 재물이 많아야 한다. 빅맨은 재물을 나누어 줌으로써 그것을 받은 사람들의 존경을 받게 된다.

즉 빅맨이 되기 위해서는 많은 재산과 존경(위세)이 모두 필요하다는 뜻이다. 단지 부유하다고 해서 빅맨이 되는 것이 아니라, 자기 재산을 나눠 주고 사람들을 위해서 살 때 빅맨이 될 수 있다.

따라서 빅맨의 지위는 매우 불안정하다. 만약 재산을 잃거나 존경을 잃으면 빅맨 자리에서 밀려나고, 호시탐탐 이를 노리는 다른 사람에게 빅맨 자리가 넘어가기 때문이다. 빅맨이 그 자리를 유지하기 위해서는 자기 추종자들과 함께 입이 쩍 벌어질 만큼 어마어마한 잔치를 열어 사람들에게 재물을 골고루 나눠 주어야 한다. 이른바 위세를 떨쳐야 한다.

그러나 계속 나누어 주는 재물에는 한계가 있다. 그래서 빅맨은 자기를 지탱해 주는 무리들이 필요해진다. 그 수단으로 여러 여성과 결혼하는 것도 한 방법이다. 결혼을 통해 인척을 만들고, 그들에게서 빅맨의 명성을 유지하는 데 필요한 경제적 지원을 받을 수 있기 때문이다. 이렇게 모인 재산을 외부 사람들에게 크게 나누어 주고 보이지 않는 재산인 명성을 얻는다.

그럼에도 재물과 같은 유형 재산과 명성이라는 무형 재산을 동시에 꾸준히 유지하기란 몹시 힘든 일이다. 그래서 빅맨에게는 자기 추종자들이 불만을 품거나 반란을 일으키지 않게끔 정치적인 권위를 발휘하는 등 고도의 정치 기술이 필요하다.

기본적으로 빅맨이 자기 재산을 나눠 주는 것은 밑 빠진 독에 물 붓기와 비슷하기 때문에 일정 규모 이상으로 커지기가 힘들다. 그 한계를 넘어갈 때 새로운 정치 구조가 필요해진다.

정리해 보면, 입법·사법·행정이라는 공공의 권력이 존재하지 않는 작은 규모의 사회에서는 갈등과 다툼을 조정하는 표범 가죽 추장 같은 존재가 나타나고, 역시 공공의 권력이 존재하지 않지만 규모가 더욱 커진 사회에서는 빅맨 같은 존재가 나타난다. 그러나 표범 가죽 추장이나 빅맨 같은 존재는 한계가 있기 때문에 대규모 사회에서는 위력을 잃게 된다.

포틀래치

빅맨과 관련해서 북아메리카 북서 해안에 사는 인디언들의 포틀래치라는 관습이 흥미롭다. 포틀래치는 성인식, 장례식, 신분이나 지위가 높아졌을 때 벌이는 의례, 아이가 태어나거나 집을 새로 지었을 때 벌이는 축하 연회 등을 가리키는 말이다. 포틀래치에는 원래 소비한다는 뜻이 담겨 있다.

연회를 베풀 때 연회 주최자는 엄청나게 많은 음식을 준비한다. 그 목적은 연회에 참석한 사람들이 깜짝 놀라고 감탄하게 만드는 것이다. 또한 연회에 참석한 사람들에게 선물을 주는데,

그 역시 눈이 휘둥그레질 만큼 화려하고 비싼 물건들이다.

놀라운 일을 경험한 사람들이 주변 사람들에게 그 이야기를 퍼뜨리는 것처럼 연회에 참석했던 사람들이 주위에 소문을 내면 연회를 주최한 사람의 명성이 높아지며, 자연스럽게 빅맨처럼 존경받게 된다.

포틀래치에는 많은 재물이 필요하기 때문에 오랜 준비 과정을 거친다. 포틀래치를 준비하는 주최자는 이웃이나 친척의 도움을 받아서 재물을 준비한다. 그리고 호랑이 모피 같은 값비싼

● 포틀래치
지도자는 공동체 구성원들에게 성대한 잔치를 열어 베풀어 줌으로써 사람들의 존경을 얻게 된다. 사진은 북아메리카 인디언들의 포틀래치에서 춤을 추는 이들을 찍은 것이다.

물건을 비롯해 생활에서 쉽게 구하기 힘든 물건들을 준비하여 연회에 참석한 사람의 지위와 신분에 따라 선물을 나눠 준다.

그런데 포틀래치는 경쟁하게 될 때 위기가 닥쳐온다. 선물을 받은 사람은 앞서 행해진 포틀래치보다 더 성대하고 화려하게 치러야 하며, 선물도 더욱 값비싼 것을 주어야 체면을 잃지 않는다. 때로는 주최자가 많은 사람들이 보는 앞에서 귀중한 물건을 부수기도 하는데, 귀한 물건이 별것 아니라는 듯 위세를 과시하는 것이다.

포틀래치를 많이 베풀어 나누어 준 이는 사람들에게서 명예를 인정받아 그 지역의 우두머리가 될 수 있다. 그러나 연회를 끊임없이 성대하게 베푸는 것에는 한계가 있기 마련이다. 이 선물 경쟁이 지나치게 되면 파산하는 사람마저 생기게 된다.

추장과 왕의 탄생

규모가 커진 사회에서 빅맨을 대신하는 것이 추장이다. 추장은 빅맨과 많은 점에서 달라진다.

추장은 자기를 추종하는 사람들의 노동을 통제하고 추장이라는 신분을 드러내는 상징을 만들어 활용한다. 지팡이나 목걸이 같은 신성함을 나타내는 장식물을 단다. 그리고 추장이라는 신분을 신화나 의례를 통해 정당화함으로써, 빅맨처럼 사람들의 자발적인 존경을 얻으려는 것과는 다른 명성을 추구한다.

예를 들면 추장은 자기 조상이 위대한 존재였다는 것을 증명할 수 있는 정치적 신화를 만들어 내기도 한다. 그럼으로써 자기들이 살고 있는 땅이 자기 조상에게 주어진 것, 그래서 자기 것임을 정당화하려고 한다. 자기 조상이 신으로부터 계승된 신성한 혈통이라는 것을 강조하기도 한다.

결정적으로 다른 점은 빅맨은 다른 사람들에게 재산을 나눠 주는 데 반해 추장은 자기 재산을 나누어 주지 않는다는 것이다. 추장이라는 지위는 조상을 통해 이어받은 것이므로 선물을 나눠 주는 방법으로 명성과 존경을 얻을 까닭이 없다. 오히려 세금 등의 명목으로 다른 이들의 것을 빼앗거나 다른 부족과 전쟁을 벌여서 약탈한다.

그리고 빅맨이 일시적이고 개인적인 명성을 추구한다면, 추장은 세습적이고 공공연한 힘을 추구한다는 점이 다르다. 그래서 추장은 위계질서를 만들고 그 위계의 정점에 서서, 자신의 힘을 개인적인 것이 아니라 법적 근거가 있는 것으로 만든다. 위계질서는 이를테면 귀족과 평민, 노예 등의 세습적인 계급 구조를 낳는다.

아버지가 추장이나 귀족이면 자식은 자연스레 그 지위와 신분을 이어받게 된다. 따라서 추장이든 귀족이든 사람들의 환심을 사기 위해 선물을 줄 이유가 없어진다. 또한 귀족 계급은 추장과 가까운 사람들로 구성되며, 이들은 아무 일도 하지 않고 종교 의례를 담당하면서 평민들의 공물과 노예들의 노동에 의

● 베닌족 추장
아프리카의 베닌족 추장이 수천 개의 산호 구슬로 만든 정교한 갑옷을 입고 있다. 베닌 왕국은 나이지리아에 통합되었지만, 여전히 추장이 신성한 권력을 쥐고 통치한다.

지하며 살게 된다.

그러나 한편으로 추장은 빅맨처럼 자신의 힘을 끊임없이 과시해야 한다. 그러나 그것은 재산을 나눠 줌으로써 이루어지는 게 아니라 외부 세력과의 전투를 통해 이루어진다. 신에게서 부여받은 통치권을 전쟁에 이김으로써 추종자들에게 확인시켜야 한다.

만약 전쟁에서 패하면 추장은 바뀌게 된다. 이렇게 되면 새로운 추장의 조상, 즉 새로운 추장의 신이 더 강하다는 것을 증명한 셈이 된다. 그래서 패배한 추장을 새로운 추장의 신에게 제물로 바치는 일도 많았다.

따라서 빅맨이 선물을 나누어 주는 사회에서는 자주 일어나지 않는 전쟁이 추장 사회에서는 빈번하게 벌어진다. 나아가 사회가 더욱 커지면 작은 국가가 생기고 왕이 등장하게 된다.

오늘날 지구에는 표범 가죽 추장, 빅맨, 추장, 왕이 모두 존재한다. 그리고 정치 제도에 따라 대통령이나 총리 같은 지도자도 존재한다. 한 가지 유의해야 할 것은 빅맨과 추장, 왕의 관계에서 더 발전된 형태나 우열이 존재하지는 않는다는 점이다. 지도자의 형태와 권력의 작동 방식이 각 사회의 규모와 구조에 따라 달라질 뿐이다.

권력을 정당화해 주는 신성함

지구는 많은 국가와 많은 민족으로 구성되어 있다. 따라서 한 사회 안에서도 갈등과 다툼이 있고, 국가 사이 또는 민족 사이에도 갈등과 다툼이 있으며, 종교가 다른 집단들 사이에도 갈등과 다툼이 존재한다.

아름다운 고리 사람들이 지구로 이주할 때 유의해야 할 점은 그 갈등과 다툼을 유발하는 권력의 속성을 이해해야 한다는 것이다. 앞에서 추장이나 왕들이 권력을 유지하기 위해 종교적인 성격을 띤 신성함을 활용한다는 것을 살펴보았다. 이 부분은 여성 차별과도 관계가 있기 때문에 잘 이해해야 한다.

추장이나 왕은 자신들의 권력이 신과 같은 초자연적인 존재에게서 부여받은 것이며 인간 세상을 움직이는 규칙도 그렇다고 주장한다. 지구의 뛰어난 사상가였던 카를 마르크스(1818~1883)는 이렇게 세속적인 권력을 초자연적인 것으로 가장하는 것을 신성화라고 일컬었다.

초기의 추장이나 왕은 신성한 지식을 독점해서 권력을 정당화하려고 했다. 그것은 예컨대 의사가 환자들이 이해하기 어려운 전문 용어로 병을 설명하거나 휘갈겨 쓰고, 진료비 청구서는 이해하기 쉬운 용어로 깔끔하게 쓰는 것과 비슷하다. 신과 같은 초자연적인 존재 자체에 대해서는 사람들이 알지 못하게 어려운 말을 사용해서 함부로 다가갈 수 없게 만들고, 그런 존재들이 인간 세상에 만든 규칙은 쉽게 설명해서 그에 따르도록 만드는 것이다.

규모가 작은 사회에서는 종종 비밀 결사 같은 것을 만들어 그 신성한 지식을 유지하기도 했다.

예를 하나 들어 보자. 아프리카 라이베리아에 사는 크펠레족과 골라족의 비밀 결사는 인류학에서 매우 유명한 사례다. 크펠레족은 라이베리아에서 가장 큰 부족인데 남자들에게는 포로, 여자들에게는 산데라는 비밀 결사가 있다. 이들 비밀 결사가 가장 큰 관심을 쏟는 것은 땅의 신성함과 역사에 관한 지식이다. 이들은 땅이 조상과 연관되어 있고 그 조상에 의해 땅의 신성함이 유지된다고 믿는다. 따라서 그 조상에 관한 역사는 매우 중요한 지식이 된다.

그러니까 이런 믿음을 만들어 내고 그것이 널리 통용되는 사회에서 땅을 소유하고 지배하기 위해 필요한 것은 땅을 살 황금이나 돈이 아니라 성스러운 것에 관한 지식이 된다.

● 이브의 창조

신이 아담의 갈비뼈로 이브를 창조하고 있다. 최초의 인간이 남성이고 여성은 남성에게서 나왔다는 신화는 남성이 여성을 지배하는 권력을 정당화한다. 그림은 윌리엄 블레이크(1757~1827)의 〈이브의 창조〉다.

더구나 이 지식은 누구나 알 수 있는 게 아니다. 나이 든 사람들은 이 지식을 통해서 젊은 사람들을 통제하고 지배한다. 즉 신성한 지식을 통해서 땅을 소유하고 권력을 유지한다. 크펠레족과 골라족은 이 성스러운 지식이 세상의 왕으로 만들어 주는 진리라고 말한다.

성스러운 지식은 비밀 결사에 들어가야 비로소 알 수 있다. 그런데 포로와 산데 비밀 결사에 들어가기 위해서는 3~4년의 훈련 시간이 필요하다. 이 기간에 비밀 결사에 가입하려는 사람은 엄격한 교육을 받아야 한다. 이 과정은 연장자들이 지식을 소유한 사람으로 존경받고 힘(권력)을 발휘할 수 있는 계기가 된다.

그리고 지구에서 가장 유명한 경전인 성경에는 신이 남자를 먼저 만들고 그 남자의 갈비뼈로 여자를 만들었다는 구절이 나온다. 지구에서 수많은 사람들이 믿고 따르는 성경의 이 구절로 인해 남자가 더 우월하다는 생각이 오랫동안 지구를 지배했다. 이 또한 신성한 지식을 토대로 한 권력화의 사례다.

현대 사회의 권력이나 정치 구조는 너무 복잡하기 때문에 여기에서 다루지 않으려 한다. 다만 권력이나 정치도 위에서 말한 원리를 그대로 따르고 있기 때문에, 위의 원리를 잘 이해하면 오늘날 사회의 권력이나 정치 또한 쉽게 이해할 수 있을 것이다. 예를 들면 현재 지구 곳곳에서 볼 수 있는 것처럼 자본주의가 발달한 곳에서는 돈이나 경제를 신성화하는 형태로 권력을 유지하려고 애쓰게 된다.

경제 : 교환의
세계

우리 아름다운 고리 사람들과 지구에 살고 있는 인류 모두 생존을 위해서는 교환이 필요하다. 가장 기본이 되는 교환은 세 가지다.

먼저 말을 주고받아야 한다. 인류가 동물과 달리 문명을 건설할 수 있었던 가장 큰 원인은 언어다. 인류가 자기 생각을 표현하고 다른 사람과 생각을 주고받는 능력이 있었기 때문에 오늘날과 같은 문명을 이룰 수 있었다. 그것은 우리 아름다운 고리도 다르지 않다.

두 번째로 주고받아야 하는 것은 여성이다. 잠깐, 오해하지 말고 끝까지 듣기를 바란다. 인류가 꾸준히 생존하려면 후손을 얻어야 한다. 후손이 태어나지 않는다면 인류는 멸종하고 말 것이기 때문이다. 그렇다면 후손을 얻기 위해서는 무얼 해야 할까? 바로 결혼이다.

그런데 결혼에는 중요한 전제가 하나 있다. 그것은 근친끼리의 결혼 금지다. 즉 남매끼리 결혼해서는 안 된다. 레비스트로스는 문화의 가장 밑바닥에 있는 것이 근친상간 금지라고 주장했다. 물론 여기서 근친상간 금지가 반드시 남매의 결혼만을 가리키는 것은 아니다. 직장이나 사회에서 쉽게 볼 수 있는 순혈주의나 자기 문화 우월주의, 인종 차별 등 문화적인 측면의 근친상간도 포함된다. 문화는 기본적으로 다양성이 중요하다는 점에서 그렇다.

실제로 지구의 인류는 근친끼리의 결혼을 필사적으로 피해왔다. 그렇다면 결혼은 어떻게 이루어질까? 남성 A, B, C가 있고 이들에게 각각 누이동생 a, b, c가 있다고 가정할 때 A는 a와 결혼할 수가 없다. 그렇다면 A는 B나 C에게 누이동생을 시집보내고 B는 A나 C에게 누이동생을 시집보내야 한다. C는 누이동생을 A나 B에게 시집보내야 한다.

그런데 A가 결혼하고 싶으면 먼저 B나 C에게 누이동생을 주어야 한다. 그래야 b나 c와 결혼할 수가 있다. 이것을 여성의 교환이라고 한다. 앞의 6장에서 보았듯이 결혼이 보통 남성을 중심으로 이루어졌기 때문에 여성을 주고받는다는 표현을 쓴 것이다. 만약 세월이 흘러 세상이 여성 중심으로 바뀐다면 남성을 주고받게 될 것이다. 또한 이렇게 주고받아야 결혼이 이루어지고, 인류는 멸종하지 않고 계속 생존할 것이다.

세 번째로 인류가 반드시 주고받는 것이 바로 경제다. 물건을 주고 물건을 받든, 돈을 주고 물건을 받든, 물건을 주고 돈을 받든, 아무튼 주고받아야 한다. 시장에 가서 물건을 그냥 가져오면 벌을 받는다. 물건에는 가치가 있으며, 그에 상응하는 대가를 지불해야 한다.

이처럼 인류가 삶을 꾸려 가려면 기본적으로 위에 제시한 세 가지 교환을 하게 된다. 우리 아름다운 고리가 뛰어난 과학 문명을 포기하고 지구로 이주해서 살기로 한 까닭은 지구에는 우리에게 없는 뛰어난 자연환경과 아름다운 가치가 있기 때문이다. 우리가 과학 문명을 포기하는 대가로 다른 가치를 얻는다는 점만 놓고 보면 위의 세 가지 교환 가운데 경제의 교환이 된다.

경제의 교환이라고 하면 흔히 돈이나 물건만 생각하기 쉽지만, 과학 문명이라는 가치를 자연환경이라는 가치로 바꾸어 생각하면 그것 또한 경제적인 것임을 이해할 수 있을 것이다. 자원봉사를 하고 뿌듯한 보람을 느끼는 것은 시간(노력을 포함해서)을 보람과 교환한 것이다. 돈을 내고 영화를 보는 것도 마찬가지다. 영화는 물건이 아니고 소유할 수 있는 것이 아니지만 그 또한 경제의 교환이다.

신용 카드는 신용의 상징이 아닌 빚

경제의 교환이라는 말을 들으면 대부분 물물 교환을 머릿속에 떠올릴 것이다. 우리 아름다운 고리 사람들도 경제의 첫걸음이 물물 교환이라고 배웠다. 화폐가 생기기 전에 사람들이 필요한 물건을 얻기 위해 자기가 가진 물건과 다른 사람이 가진 물건을 서로 바꾸었다는 것이 물물 교환이다.

이를테면 이웃에 사는 A라는 사람은 구두를 만들고 B는 감자 농사를 짓는다고 할 때 이들이 서로 구두와 감자를 교환해서 각자 필요한 것을 얻을 수 있다. 또한 만약 A가 감자를 원하지 않고 옷을 원할 때(이런 것을 '욕망이 일치하지 않을 때'라고 표현한다.)는 서로 원하는 것을 가진 사람을 끌어들임으로써, 예를 들면 B는 감자를 원하는 C에게 감자를 주고 옷을 받아서 옷을 원하는 A에게 주고 구두를 얻을 수 있다. 이것이 물물 교환의 기본 구도다.

그렇다면 고대 사람들은 모두 이처럼 원하는 물건을 손에 넣었을까? 옛날부터 이웃 사람들끼리 자기가 가진 것을 주고 그에 상응하는 가치가 있는 것을 받는 물물 교환을 해 왔을까?

오늘날 지구인은 자기들의 사회를 신용 사회라고 부른다. 그것을 대표하는 예가 신용 카드다. 신용 카드라는 말은 얼핏 서로 믿고 신용만으로 물건을 살 수 있는 것처럼 들린다. 그러나 신용 카드를 쓰는 것은 빚을 지는 일이다.

흥미로운 사실은, 원시 사회야말로 신용 사회라는 것이다. 다시 말해서 인류의 초기 경제는 신용을 토대로 한 것이었다. 위의 예를 상식적으로 생각해 보면 쉽게 이해할 수 있다.

이웃에 살고 있는 A와 B는 늘 구두와 감자가 필요한 것이 아니다. 만약 B의 구두가 낡아서 신을 수 없게 되면 A에게 감자를 들고 가서 구두를 살까? 그렇지 않다. 일단 A에게 가서 남는 구두가 있는지 확인하고 그것을 달라고 부탁하면 A는 감자가 필요 없어도 구두를 줄 것이다. 그리고 나중에 A가 감자가 필요해지면 B에게 감자를 얻으러 갈 것이다.

C의 옷이나 D의 고기도 마찬가지다. 서로가 필요할 때 필요한 만큼만 얻으면 된다. 그때그때 값어치를 계산해서 당장 먹지도 않을 감자를 받을 필요가 없고, 입지도 않을 옷을 받을 필요가 없다. 이렇게 보면 고대 사회가 진정 신용 사회였던 것이다. 그리고 애초에 물물 교환 따위는 없었다. 그것은 인류학자들의 조사에서도 잘 드러난다.

물물 교환의 진짜 의미

그렇다면 물물 교환은 언제 일어날까? 레비스트로스가 브라질의 남비콰라족에 대해 쓴 보고서에는 물물 교환과 관련한 아주 흥미로운 장면이 나온다.

남비콰라족은 보통 100명이 넘지 않는 작은 집단을 이루고 살고 있다. 이들은 이동하다가 다른 집단을 만나면 대표자를 보내서 교역을 제안한다. 상대 집단이 교역에 찬성하면 일단 여성들과 아이들을 숲 속에 숨긴 뒤 상대를 초대한다.

상대 집단이 초대를 받아 나타나면 모두 한자리에 모여서 먼저 상대방의 우두머리가 훌륭하다는 칭찬과 함께 자기들은 보잘것없다는 내용으로 가볍게 인사를 주고받는다. 그리고 무기를 몸에서 내려놓고 함께 어울려 춤추고 노래한다. 이렇게 친목을 다진 뒤에 비로소 서로 주고받고 싶은 것을 찾아서 거래를 시작한다.

거래가 시작되어 어떤 사람이 특정한 물건을 원한다고 하면서 그 물건이 매우 좋다고 칭찬을 한다. 그런데 그 물건을 가진 사람이 그 물건을 팔고 싶지 않거나 비싼 값을 받고 싶으면 그 물건이 형편없다고 말한다. 그것은 그 물건을 팔고 싶지 않다는 뜻이다.

그래도 상대가 끈덕지게 칭찬하며 그 물건을 원한다는 마음을 드러내고 드디어 협상이 이루어지면 상대는 물건을 주인에게서 빼앗아 간다. 만약 그 물건이 목걸이라면 강제로 벗겨 간다. 그러나 흥정이 채 끝나지도 않았을 때 물건을 빼앗아 가면 다툼이 생기고 싸움으로 번지기도 한다.

이런 물물 교환은 대개 축제적인 분위기 속에서 막을 내린다. 교환이 끝나면 숲 속에 숨어 있던 여성들과 아이들도 모습을 드러낸다. 이때 상대 집단이 여성들을 희롱하거나 하면 말다툼과 싸움이 생기기도 하고, 그 결과로 사람이 죽기도 한다.

위의 보고서에서 먼저 알 수 있는 것은 물물 교환이 평화로운 것이 아니라 매우 긴장된 상태에서 벌어진다는 사실이다. 그래서 서로의 감정을 상하게 하지 않기 위해 형식적이지만 상대를 찬양하고 서로의 경계심을 누그러뜨리기 위해 함께 춤추고 노래하는 것이다.

또한 물물 교환 과정에서 서로 손해 보지 않으려고 애쓴다는 점을 알 수 있다. 자기가 원하는 것을 얻기 위해 그 물건이 훌륭하다고 치켜세우고, 물건의 소유자는 더 높은 값을 받기 위해 그 물건이 나쁘다고 말하는 것에서 확인할 수 있다.

인류학의 보고에 따르면 위와 같은 사례는 보편적인 현상이다. 물물 교환에서 중요한 사실은 물물 교환이 서로 모르는 사람들 사이에 긴장된 분위기에서 이루어진다는 점이다. 이웃 사람끼리 감자와 구두를 주고받는 것이 아니라, 다시는 만날 일이 없거나 거의 만날 가능성이 없는 사람들 사이에서 물물 교환이

● 물물 교환
물물 교환은 모르는 사람들 사이에 긴장된 분위기에서 이루어진다. 그림은 중세에 서양의 상인 두 명이 천(왼쪽)과 양털(오른쪽)을 손해 보지 않고 교환하기 위해 신경전을 벌이는 모습이다.

일어난다. 그래서 손해를 보지 않으려고 팽팽한 신경전을 벌이는 것이다.

이웃 사람끼리는 남는 구두나 감자를 당장 이웃 사람에게 준다고 해도 손해날 일이 없다. 언제건 신발이 샌다고 투덜대거나 손님을 접대할 먹을거리가 필요하다고 말하면 구두와 감자를 얻을 수 있다는 것을 알기 때문이다.

선물 주고받기

물물 교환은 인류의 본질적인 세 가지 교환 가운데 경제의 교환에 속한다. 경제의 교환은 다시 시장 교환, 재분배, 호혜적 교환으로 크게 나뉜다.

시장 교환은 수요와 공급에 따라 결정된 가격으로 시장에서 재화를 주고받는 것을 가리킨다.

재분배는 재화를 한곳에 모두 모았다가 사람들에게 다시 나누어 주는 것을 가리킨다. 국가가 부자에게서 세금을 많이 거두어 경제적 약자들에게 복지 등의 형태로 나누어 주는 것도 재분배다. 일반적으로 사회에서 시장 교환과 재분배는 동시에 작용하기 힘들다. 그 까닭은 국가가 시장에 개입하지 않으면 시장 교환이 활발해지고, 국가가 시장에 개입하면 재분배가 활발해지기 때문이다. 그래서 사회에 따라 시장 교환과 재분배 가운데 어느 한쪽이 우세하게 나타난다.

마지막 방식은 호혜적 교환(선물 교환)인데, 이것이 아주 흥미롭다. 호혜의 사전적인 의미는 서로 특별한 혜택을 주고받는 것이다. 여러 인류학자들이 이 호혜적 교환에 관심을 갖고 연구했다. 호혜적 교환 또는 호혜성 연구의 선구자는 프랑스의 인류학자 마르셀 모스(1872~1950)다. 모스는 『증여론』이라는 책에서 아메리칸 인디언들 사이에 행해진 포틀래치와 멜라네시아에서 행해진 쿨라, 뉴질랜드의 하우 등을 예로 들어 호혜적 교환의 의미를 밝혔다.

시장 교환의 방식인 물물 교환과 선물 교환의 가장 큰 차이는 호혜성에 있다. 물물 교환은 교환을 거쳐서 종료된다. 물물 교환 뒤에 손해를 봤다는 후회나 이익을 얻었다는 기쁨이 생기지만, 교환은 그것으로 일단락된다. 그래서 물물 교환에서 가장 좋은 상대는 멀리 떨어져 있기 때문에 불평할 기회가 없는 사람이다.

그러나 선물은 거기에 하나가 더 추가된다. 즉 선물을 주는 것과 선물을 받는 것에 더해 답례가 포함되는 것이다. 그리고 그 답례는 다시 선물이 되어 똑같은 과정을 순환적으로 반복한다. 이렇게 순환을 겪는 과정에서 선물은 단지 물건을 주고받는 것에 그치지 않고 명예가 개입하게 된다.

9장에서 본 포틀래치의 사례처럼 무엇인가를 받으면 자기 명예를 지키고 높이기 위해 자기가 받은 것보다 더욱 가치 있는 것을 경쟁적으로 선물해야 한다. 그 과정에서 파산에 이르기까지 하지만, 선물에 물건을 넘어선 다른 차원이 있다는 점은 포틀래치의 예에서도 분명히 알 수 있다.

이렇게 되면 원래 자발적으로 주는 것이었던 선물이 마침내는 의무적이고 심지어 강제적인 것이 되고 만다. 왜냐하면 선물을 받은 사람은 마음의 빚을 지고 그 빚을 갚기 위해 또 다른 선물을 준비해야 하기 때문이다. 만약 선물을 받고도 답례하지 않거나 받은 것보다 작은 것을 답례로 내놓으면 쩨쩨한 사람이 되어 사람들 사이에서 평판이 나빠지고 명예를 잃게 된다.

따라서 선물이라는 물건의 주고받기는 시장에서 물건을 사고 돈을 지불하는 것과는 다른 차원으로 진행된다. 포틀래치의 예에서 보듯이 선물 경쟁은 명예와 위세 경쟁으로 전개되고, 결국에는 선물 자체보다 명예와 위세에 집착하는 일이 발생한다. 오늘날 사회에서는 자동차나 집 등 자기가 소유한 물건으로 과시하지만, 아메리카 원주민은 물건을 아낌없이 나누어 줌으로서 자기 명예를 지키고 과시했다. 즉 물건보다 영혼을 높이는 명예를 선택했던 것이다.

돌고 도는 팔찌와 목걸이

호혜적 교환의 또 한 가지 사례로 남태평양 멜라네시아에서 오랫동안 행해진 쿨라링을 꼽을 수 있다. 쿨라링은 관습과 언어가 다른 섬들 사이에서 조개껍질로 만든 목걸이와 조개 팔찌를 주고받는 것을 가리킨다. 목걸이는 시계 방향으로 전해지고 조개 팔찌는 시계 반대 방향으로 전해진다. 쿨라의 규칙은 교환 상대에게 실제로 거래하는 물건과 함께 목걸이와 팔찌를 선물하는 것이다. 이때 목걸이와 팔찌는 오직 쿨라 교환에서만 사용되며 다른 것과 바꿀 수가 없다.

예를 들어 한 남성이 조개 팔찌를 가지고 있다고 해 보자. 그가 살고 있는 곳에서 시계 반대 방향에 사는 사람들이 교역을 하기 위해 찾아오면, 그는 큰 고둥을 불면서 그들 가운데 쿨라 상대에게 조개 팔찌를 선물한다. 그리고 조개 팔찌를 받은 사람은 이듬해나 적당한 시기에 역시 자기 쿨라 상대에게 조개 목걸이를 선물해야 한다.

보통 사람들에게는 자기가 사는 지역이나 다른 섬에 몇 명의 쿨라 상대가 있다. 그들은 서로 조개 팔찌와 조개 목걸이를 주고받는다. 쿨라 상대가 다른 섬에 살 때는 조개 팔찌와 조개 목걸이를 주고받기 위해 항해를 해야 하고, 그때마다 주술적인 의례가 치러진다.

쿨라 교환은 평생에 걸쳐 원을 그리며 끊임없이 순환한다. 그러니까 누구 하나가 그것을 독점하는 것이 아니라 끊임없이 주고받기를 한다는 뜻이다. 조개 팔찌와 목걸이의 교환 속에서 정치적인 동맹이나 교역이 이루어진다. 이처럼 쿨라는 호혜적 교환의 역할을 한다. 쿨라에서 조개 팔찌와 조개 목걸이가 쓰이게 된 이유는 조개의 내구성이 뛰어나기 때문이었을 것이다.

● 조개껍질로 만든 목걸이
태평양 남부, 오스트레일리아 동북쪽에 있는 섬들에서는 거래 상대에게 조개껍질로 만든 팔찌나 목걸이를 선물한다. 시장 교환과는 다른 선물 교환을 통해 서로 필요한 것을 주고받으면서도 물질에 얽매이지 않는 삶이 가능해진다.

오늘날 사회에서는 이른바 물신주의가 맹위를 떨치고 있다. 앞에서 살펴본 것처럼 명예나 위세를 소중히 여기는 것이 아니라 물건을 더 소중하게 여기는 사회가 늘어나고 있다. 선물을 주고받기보다는 자기 물건을 지키려고 노력하고, 더 많은 물건을 가지려고 애쓴다.

감자를 아끼고 창고에 쌓아 두기보다 이웃에게 선물하면 언젠가는 그것이 구두가 되고 옷이 되어 되돌아올 것이다. 그렇게 생각하면 선물은 후하게 많이 할수록 서로에게 이익이 되고(호혜성) 명예도 얻을 수 있다.

교환의 첫 번째 법칙은 내가 받고자 하는 것을 상대방에게 먼저 주어야 한다는 것이다. 그 행위가 계산적이든 아니든, 먼저 상대가 원하는 것을 주면 내가 원하는 것을 얻을 수 있다. 상대에게 좋은 말을 할 때 역시 좋은 말을 듣게 된다. 오는 말이 고와야 가는 말이 고운 것이 아니라, 가는 말이 고와야 오는 말이 곱다. 그것은 호혜성 교환이 보여 주는 것처럼 다 함께 행복하게 사는 길이기도 하다.

자연과 인간 : 이스터 섬의
석상들

　우리는 한 인류학자의 보고서를 살피다가 큰 충격을 받았다. 우리 아름다운 고리에서 일어난 것과 비슷한 일이 지구의 태평양에 떠 있는 작은 섬 이스터에서도 일어났다는 것을 알았기 때문이다.

　이스터는 부활절이라는 뜻이다. 본디 원주민들이 부르는 이름은 라파누이였는데, 1722년 네덜란드의 탐험가 야코프 로헤벤(1659~1729)이 부활절에 이 섬에 상륙한 것이 계기가 되어 이스터 섬이라는 이름이 붙었다.

　탐험대는 이스터 섬에 상륙해서 그곳에 널려 있는 석상들을 보고 깜짝 놀랐을 것이다. 이스터 섬은 지구의 대표적인 불가사의로 꼽히는 천여 개의 석상으로 유명하다. 그 석상들은 모두 한곳을 바라보고 있다. 석상 가운데 큰 것은 높이가 20미터, 무게가 270톤이나 된다.

그래서 지구에서는 그 석상들을 우리와 같은 외계인이 만들었다는 주장도 나왔다. 석상들은 자기들을 만든 외계인들이 돌아오기를 기다리는 듯한 표정으로 고개를 들어 먼 곳을 바라보고 있다. 그렇지만 곧 보게 되듯이 이스터 섬의 많은 석상들은 외계인이 세운 게 아니다.

이스터 섬의 주민들은 육지와 멀리 떨어져 있기 때문에 거의 완전하게 고립된 상태에서 살아왔다. 지금은 남아메리카의 칠레에 속해 있는데, 칠레 본토에서 이스터 섬까지는 거리가 3700킬로미터나 된다. 또한 이스터 섬과 가장 가까운 섬인 태평양 남부의 핏케언에서도 1600킬로미터나 떨어져 있다.

이스터는 이렇게 홀로 바다 위에 떠 있는 섬이다. 육지에서 너무 동떨어져 있기 때문에 꽃가루가 날아와 새로운 식물이 자랄 수도 없고, 새들이 날아오기도 너무 먼 곳이다. 완전히 고립되어 있는 이스터 섬은 지구인들이 바깥 우주와 고립되어 살아가고 있다는 점에 견줄 때 지구의 축소판이라고 할 만하다.

그런데 이스터 섬을 조사한 인류학자들이 석상의 수수께끼와 함께 뛰어난 문화를 자랑하던 섬이 황폐해진 이유를 알아냈다. 그 이유의 밑바닥에는 인간의 탐욕과 어리석음이 깔려 있었다.

수수께끼의 섬

이스터는 수수께끼의 섬이었다. 바깥세상 사람들이 처음 이스터 섬을 찾았을 때 인구는 2000명 정도였다. 또한 두 사람이 탈 수 있는 카누가 섬 전체에 서너 척밖에 없었다. 그 말은 멀리 떨어져 있는 다른 곳으로 이동할 수 없다는 것을 뜻한다.

큰 관목이 자라지 않는 섬은 대부분 풀로 덮여 있었다. 그래서 이스터 섬 사람들은 춥고 바람이 거센 겨울에도 장작을 구하지 못해 추위에 떨어야 했다. 게다가 사냥할 만한 큰 동물도 없었다. 유일한 가축으로 닭이 있을 뿐이었다.

그런데 이런 가혹한 자연환경이나 거친 삶의 조건과는 달리 이스터 섬 곳곳에는 돌로 만든 거인이 수도 없이 널려 있었다. 200개가 넘는 석상이 큰 돌로 만든 기단 위에 줄지어 서 있고 700개 이상의 석상이 채석장 근처나 채석장과 바닷가 사이의 길에 버려져 있었다.

석상은 대부분 10미터 높이에 80톤 가까운 무게였는데, 채석장에서 조각해 10킬로미터쯤 떨어진 곳으로 옮겨진 것이었다. 또한 석상을 받치고 있는 돌로 만든 기단 또한 큰 것은 150미터 길이에 3미터 정도의 높이로, 돌판 하나의 무게만 해도 무거운 것은 10톤 가까이 나갔다.

도대체 이스터 섬 사람들은 어떻게 석상을 만들고, 어떻게 그것을 10킬로미터 떨어진 바닷가로 옮겼을까?

고대에는 큰 물건을 옮길 때 흔히 크고 굵은 통나무를 깔아서 바퀴 대신 활용하고, 튼튼한 밧줄로 묶어서 말이나 사람들이 당겨서 옮겼다. 따라서 큰 물건을 움직이려면 기본적으로 굵은 목재와 튼튼한 밧줄, 그리고 말이나 소가 필요했다. 그러나 이스터 섬 어디에도 운반에 사용할 수 있는 큰 나무가 없었고, 석상을 끌고 갈 소나 말 같은 동물도 없었다. 도구가 없다면 어지간한 거인이 아니고서는 석상을 움직일 수도 없다.

한편 석상들 중에는 완성된 것도 있지만 만들다가 그만둔 것도 많았다. 채석장 근처나 길에 버려진 석상의 모습은 모두 제각각이었다. 석상을 만들고 운반하던 사람들이 모두 약속이라도 한 것처럼 어느 날 갑자기 연장과 도구를 내려놓고 어디로

● 이스터 섬의 석상
번성하던 이스터 섬의 문명은 어느 날 갑자기 사라지고 거대한 석상만이 덩그러니 남아 있다. 대체 이 섬에서 무슨 일이 있었던 것일까?

떠난 듯한 느낌이다.

여기서 몇 가지 의문이 생긴다. 먼저, 석상을 만든 사람들과 지금 살고 있는 사람들은 서로 다른 문명권에 속한 사람들인가? 만약 같은 문명권 사람들이라면 왜 갑자기 석상 만들기를 멈추었을까?

이 의문은 오랫동안 많은 추측을 낳고 상상력을 자극했다. 많은 사람들은 당시 이스터 섬에 살고 있던 사람들의 조상이 그런 석상을 만들었을 것이라고 생각하지 않았다.

그래서 외계인이 지구를 지나가다 이스터 섬에 불시착하게 됐는데, 석상을 세워 자기가 온 외계에 신호를 보내서 구출을 받고 떠났다는 그럴듯한 가설이 나오기도 했다. 석상들이 모두 한곳을 바라보고 있다는 점이 그 주장을 그럴듯해 보이게 했다.

행복한 낙원

그러나 현대에 들어 고고학 분야의 성과와 꽃가루 분석, 화석 분석을 토대로 이스터 섬에서 어떤 일이 있었는지가 밝혀졌다.

연구에 따르면 이스터 섬의 문화는 대체로 인근 폴리네시아에서 전해진 것이었다. 낚시 도구와 손도끼, 농산물과 닭 등은 전형적인 폴리네시아의 것과 같았고, 섬에서 발견된 해골의 DNA 검사에서도 그들이 폴리네시아인이라는 점이 분명해졌다.

그리고 방사선 탄소 연대 측정법을 써서 이스터 섬에 사람이 살기 시작한 때가 기원후 400년부터 700년 사이라는 것을 알아냈다. 아마도 이스터 섬의 조상들은 그 시기에 폴리네시아에서 이주해 왔을 것이다. 그리고 석상들이 만들어진 시기는 1200년에서 1500년 사이라는 것도 밝혀졌다. 또한 고고학적 조사를 통해 이스터 섬에 7천 명에서 많게는 2만 명까지 살았다는 사실이 밝혀졌다.

고고학자들은 수수께끼와 같은 석상이 어떻게 세워졌는지를 확인하기 위해 현지 주민들의 도움을 받아 여러 가지 실험을 해 보았다. 그 결과 돌로 만든 조각칼로 20명이 1년쯤 일하면 가장 큰 석상을 만들 수 있다는 것을 알아냈다.

또한 목재와 밧줄이 충분하다면 수백 명이 바닥에 나무를 깔고 위에 석상을 얹어서 끌어 옮길 수 있었고, 통나무를 지렛대로 쓰면 석상을 세울 수도 있었다. 밧줄은 하우하우라는 작은 나무의 섬유질로 만들었다. 그런데 지금 이스터 섬에는 하우하우가 거의 남아 있지 않았다.

그래서 석상을 만들 당시, 즉 1200~1500년경 이스터 섬에 나무가 얼마나 있었는지를 확인하기 위해 꽃가루를 분석해 보았다. 그 결과 놀라운 사실이 밝혀졌다.

이스터 섬은 폴리네시아 사람들이 정착해서 살기 이전에는 아열대숲으로 덮인 풍요로운 땅이었다. 가장 흔한 나무는 오늘날 사라지고 없는 야자나무였다. 크기가 크고 가지가 거의 없는 야자나무는 석상을 운반하고 카누를 만드는 데 안성맞춤이다. 또한 야자나무는 열매를 제공하며, 수액으로는 설탕과 꿀, 와인도 만들 수 있다.

더욱 놀라운 것은 생선 뼈였다. 900~1300년에 이스터 섬 주민들이 버린 쓰레기 더미 가운데 생선 뼈가 4분의 1을 차지했는데, 그 가운데 3분의 1 정도가 고래의 뼈였다. 이는 다른 폴리네시아 섬과 비교하면 매우 높은 수치였다. 이러한 결과는 과거의 이스터 섬과 현재의 이스터 섬이 얼마나 다른지를 알려 준다.

이스터 섬 주변은 수온이 낮아서 물고기가 많지 않을뿐더러 해안에 절벽이 많아서 낚시를 하기가 쉽지 않았다. 그것은 야자

● 돌에 새긴 물고기 그림
돌에 새겨진 커다란 물고기는 크고 튼튼한 배를 만들어 먼 바다로 나가서 잡아 온 것이었다.

나무로 크고 튼튼한 배를 만들어서 먼 바다로 나가 작살과 낚시로 물고기와 고래를 잡았다는 것을 뜻한다.

또한 발굴 조사를 통해 이스터 섬 사람들은 새를 주요 식량으로 삼았다는 것이 밝혀졌다. 새를 사냥해서 단백질을 보충했던 것이다. 옛날 이스터 섬에는 태평양 전체에서도 가장 많은 25종의 토종 새가 살고 있었다.

아마 폴리네시아에서 배를 타고 떠돌던 이스터 섬의 조상들은 이스터 섬을 발견하고 신에게 감사 기도를 올렸을 것이다. 어떤 이유로 자기들이 살던 땅을 떠나서 아주 오랫동안 바다를 표류하다가 고난 끝에 발견한 땅이 이스터 섬이었을 것이다. 그리고 그곳은 낙원 같았을 것이다. 우리가 과거의 이스터 섬에 이름을 붙인다면 아마도 '행복한 낙원'이라고 해야 할 것이다.

이스터 섬의 몰락

그렇다면 본디 행복한 낙원이었던 이스터 섬이 어떻게 오늘날처럼 황폐해진 것일까? 꽃가루 분석은 풍요로웠던 땅이 어떻게 황량한 땅으로 변했는지를 슬픈 표정으로 알려 준다.

멀리 폴리네시아에서 이주해 온 사람들은 이스터 섬에 정착한 뒤 처음에는 행복한 마음으로 생활했을 것이다. 인구도 그리 많지 않았을 것이다. 그러나 몇 세기가 지나 800년께가 되면 이스터 섬의 숲이 파괴되기 시작한다.

숲이 사라진 곳에는 풀이 자라나기 시작했다. 나무가 줄어들고 풀밭이 늘어나다가 1400년쯤에는 나무보다 풀이 더 많은 면적을 차지했다. 밧줄을 만드는 하우하우가 멸종하지는 않았지만 밧줄을 만들 수 있을 만큼 많이 남지 않았다.

그리고 15세기가 되자 울창했던 숲이 완전히 사라지고 만다. 인구가 늘어나면서 배를 만들거나 석상을 운반하기 위해 또 장작으로 쓰기 위해 나무를 대량으로 베고, 꽃가루와 열매를 퍼뜨리던 새들마저 다 잡아먹으면서 숲은 회복될 수 없게 되었다. 이스터 섬은 육지에서 너무 멀리 떨어져 있기 때문에 다른 지역에서 나무의 씨앗이나 꽃가루가 날아올 수도 없었다.

숲이 죽자 먼 바다로 나갈 수 있는 배를 만들 수 없게 되었고 식량의 보물 창고였던 바다는 그림의 떡이 되고 말았다. 그것은 1500년 전후의 쓰레기 더미에서 고래 뼈가 사라진 사실로 확인할 수 있다. 심지어 고래 뼈 대신 사람의 뼈가 발견되기도 했다. 어쩌면 고래 대신 사람을 잡아먹은 것인지도 모른다.

어리석음의 상징, 석상들

한편 이스터 섬의 조상들은 왜 수많은 석상을 세운 것일까? 정확하게 어떤 일이 일어났는지는 알기 힘들지만, 여러 자료들을 토대로 추측과 상상을 해 볼 수 있다.

앞서 본 것처럼 폴리네시아에서 출발해 바다를 떠돌던 한 무리의 사람들이 우연히 이스터 섬을 발견하고 상륙했을 것이다. 그들이 보기에 이스터 섬은 낙원이었다. 기름진 토지와 풍부한 식량이 있고, 외부의 침입에서 차단된 안전한 섬이었다.

세월이 흘러 안락함을 누리는 과정에서 인구가 늘어났을 것이다. 어느 사회든 인구 증가는 사회를 압박하는 가장 큰 원인이 된다. 인구는 한번 늘기 시작하면 기하급수적으로 늘어난다. 남녀 두 부부에서 시작해 3대만 내려가면 몇십 명으로 늘어나기 십상이다.

인구가 증가하면서 여러 씨족으로 분리되고 씨족들 사이에서 갈등과 경쟁이 일어났을 것이다. 이들은 자기 씨족의 우월함을 표현하기 위해 석상을 만든 것으로 추측된다. 한쪽이 석상을 만들자 다른 한쪽은 더 큰 석상을 만들고……. 이렇게 석상은 점점 커져 갔다.

이런 현상은 이집트 피라미드에서도 발견할 수 있으며 오늘날 대도시에서도 흔히 볼 수 있다. 한쪽에서 고층 빌딩을 지으면 다른 한쪽에서는 더 높은 고층 빌딩을 짓는다. 예전에 미국과 소련의 우주 경쟁에서 볼 수 있듯이 하늘에 위성 날리기 경쟁도 벌였는데, 그 과정에서 미국의 우주선 아폴로가 달에 착륙하기도 했다.

이스터 섬에서는 이렇게 서로 힘을 과시하는 과정에서 수많은 야자나무가 잘려 나가 숲이 사라지고 새들이 사라져 갔다. 숲이 사라지자 숲 사이로 흐르던 시냇물도 마르고 기름지던 땅은 척박해졌다. 또한 숲의 나무가 줄어들자 배를 만들기 힘들어졌고, 그들의 식탁에 오르던 고래를 비롯한 물고기와 새도 크게 줄어들었다.

인구는 줄어들지 않는데 식량이 줄어들자 석상으로 자기들의 힘을 과시하며 평화롭게 살던 이스터 섬의 사람들은 싸움을 벌이기 시작했다. 낙원을 발견한 뒤 신들에게 감사 제사를 지내며 계승되던 성직자 계급이 그 무렵부터 무너지고 전사들이 지배하는 사회로 변한 것으로 보인다. 발굴 조사에 따르면 1600~1700년이 전사들의 시대였던 것으로 추측된다. 이스터 섬 곳곳에서 이 시기에 쓴 것으로 보이는 창과 칼들이 발굴되었다.

그 뒤로 이스터 섬의 인구가 급격히 감소해 10분의 1 가까이 감소한 것으로 추정된다. 인구 감소의 원인은 전쟁과 굶주림일 것이다.

그런데 한 가지 의문이 든다. 석상들이 늘어나는 것과 반비례해서 숲이 줄어들고 있을 때 그들은 왜 앞으로 닥쳐올 위험에 대비하지 못했을까? 과연 지구의 미래는 이와 다를 수 있을까?

아랄해의 고갈

오늘날 지구에서도 미래에 대한 수많은 경보음이 끊임없이 울리고 있다. 당장은 아니겠지만 곧 닥쳐올 미래다. 우리는 지구의 미래에 불안을 느끼고 있다. 우리들 가운데 일부는 지구에 정착하면 지구의 자연환경 파괴를 고발하고 경고하는 일을 할 것이다.

한 가지 사례로 중앙아시아의 카자흐스탄과 우즈베키스탄 사이에 있는 소금 호수인 아랄해가 마르고 있다는 사실을 들 수 있다. 아랄해는 유럽의 오스트리아 면적과 거의 맞먹을 정도로 크기 때문에 호수라고 부르지 않고 바다라고 부른다.

그런데 텐산 산맥에서 아랄해로 흘러드는 큰 강인 아무(아무다리야) 강과 시르(시르다리야) 강 사이에서 면화를 대규모로 재배하면서 물을 많이 사용하는 바람에 아랄해로 흘러드는 물이 크게 줄었다. 그래서 물의 자연적인 증발과 맞물려 아랄해의 면적이 급속도로 줄어들고 있다.

또한 물이 크게 줄면서 소금 함유량이 늘어나 물고기가 살 수 없는 죽음의 바다로 변하고 있다. 게다가 물이 사라진 지역은 사막으로 변하고 있다. 이대로 몇십 년이 지나면 바다라고 불리던 아랄해는 완전히 사라지고 말 것이다.

아랄해가 사라지는 것은 단지 물이 없어지는 것이 아니라 생태계가 파괴되는 것이며, 그것은 인간의 삶에 많은 악영향을 끼치게 된다. 그리고 그것을 복원하려면 엄청나게 큰 힘이 든다. 자연환경 파괴는 이스터 섬의 사례에서 보듯이 인간 세계의 파괴로 이어진다는 사실을 잊어서는 안 된다.

마야 문명의 흥망성쇠

자연환경의 극적인 변화는 대체로 그 사회의 발전이 절정에 이르렀을 때 찾아온다. 사회가 최고로 발전한 시점에 이르면 이스터 섬의 예에서 보았듯이 인구가 폭발적으로 늘어나고 자원을 한껏 사용하기 때문에 자연의 파괴나 오염이 반드시 뒤따르게 되는 것이다.

그 사례로 찬란한 문화를 꽃피웠던 마야 문명을 들 수 있다. 오랫동안 화려한 문화를 자랑하던 마야의 멸망은 인류의 수수께끼 가운데 하나였는데, 최근 마야가 멸망한 원인이 밝혀졌다. 그것은 바로 기후 변화 때문이었다.

마야 문명은 아메리카 대륙의 멕시코와 과테말라를 중심으로 기원전 300~기원후 600년에 번성했다가 기원후 1100년쯤 지구의 역사에서 사라졌다. 전성기에는 60여 개 도시에 6~7만 명의 사람들이 살았던 것으로 추정된다.

최근의 연구 결과에 따르면 마야 문명이 한창 왕성한 시기에 농산물의 생산량이 늘고 인구가 크게 늘어났다. 그것이 기원전 440~기원후 600년의 일이다. 그러나 그 뒤로 마야 문명은 급속도로 쇠퇴하기 시작한 끝에 마침내 몰락했다.

그 원인은 지속된 가뭄이었다. 인구가 급격히 늘어난 상태에서 가뭄이 이어지자 굶주리는 사람이 늘어났고 신성한 왕권은 약화되었다. 신에게서 부여받은 권력은 현실에서 긍정적인 결과를 통해 증명해야 하는데, 부정적인 결과인 가뭄이 지속되자 왕권이 힘을 잃었던 것이다. 정치가 불안해지자 다툼과 갈등이 끊임없이 이어졌다. 16세기 무렵에는 인구가 이스터 섬처럼 10분의 1 정도로 줄어들었다.

그런데 흥미로운 것은 마야 멸망의 직접적인 원인이 된 가뭄이 찾아온 것이 우연이 아니었을 가능성이다. 마야에서도 이스터 섬에서처럼 인구가 증가하자 먹을 것을 늘리기 위해 많은 농경지가 필요해졌고, 그 때문에 숲을 무분별하게 파괴했을 것이다. 숲이 줄어들자 토지가 건조해지면서 수분 발생이 크게 줄어들었다. 하늘로 올라가는 수분이 줄어들자 자연히 강수량도 줄어들었을 것이다. 그것이 다른 여러 요소들과 어울려 지속적인 가뭄을 유발했을 가능성이 제기되었다. 이러한 양상은 이스터 섬과 거의 흡사하다.

이와 같이 문명이나 사회가 크게 발전하면서 인구가 폭발적으로 늘어나고, 그 인구가 먹을 것을 얻기 위해 자연을 파괴하고, 그것이 원인이 되어 자연재해와 굶주림이 발생하고, 그와 함께 사회의 불안이나 전쟁 등이 뒤따르며 몰락해 가는 유형을 그대로 반복하지 않도록 인류는 주의해야 할 것이다.

우리 아름다운 고리 사람들 눈에는 오늘날 지구가 그 과정을 밟고 있는 것처럼 보인다. 스테이크를 먹기 위해 지구의 허파로 불리는 아마존의 밀림을 베어 내고 소를 대량으로 사육하는 예에서 보듯이 한정된 자원을 마구 낭비하고 있다. 무엇보다 개발이라는 이름으로 자연환경 파괴를 일삼고 있는 현실이다.

자연은 그 시대를 살아가는 사람들이 마음대로 써도 되는 것이 아니라 다음 세대에게서 빌려 온 것이라고 생각하며 아끼고 보존해야 하는 것이다. 곧 지구로 이주할 우리는 지구의 황홀한 과일이며 아름다운 자연을 기대하고 있다.

에필로그

여기에서 우리는 우리 아름다운 고리의 사람들이 지구에 정착할 때 꼭 활용해야 할 보고서를 일단락 짓는다. 이 글에서는 지구인들의 문화를 중점적으로 다루었으며, 따라서 이 글은 지구인에 관한 보편적인 내용을 담고 있다.

우리는 지구 인류학자들의 연구를 토대로 지구의 여러 나라에 대해서는 따로 보고서를 만들었다. 거기에는 각 나라별로 그곳에 정착할 때 필요한 내용이 자세하게 실려 있다. 나라별 보고서를 보기 전에 이 글을 먼저 보기를 권한다. 그것은 지구인의 특징을 먼저 이해하는 것이 여러모로 유리하기 때문이다.

우리가 이 글을 쓰면서 참고한 지구 인류학자들의 연구 성과는 지구인을 이해하는 데 많은 도움이 되었다. 우리와 비슷한 문화도 더러 있지만, 결혼 제도처럼 우리와 다른 것이 더 많았다. 만약 우리가 이런 것들을 모르고 지구로 향했다면 적잖이 낭패를 볼 뻔했다. 인류학자들이 말하는 문화 충돌 때문에 지구

218

에 정착하는 데 몹시 애를 먹었을 것이다.

지구에는 우리 아름다운 고리에 없는 아름다운 가치와 관습이 많이 있기에, 우리는 기꺼이 지구인이 되기로 마음먹었다. 우리는 지구인이 되어 지구의 아름다운 가치와 관습을 지키는 일에 우리의 능력을 발휘하고 노력을 기울일 것이다. 아름다운 자연환경을 보호하고 사람들 사이의 사랑이 더 커질 수 있도록 애쓸 것이다.

우리의 마음을 잘 표현한 글을 지구에서 찾아냈다. 우리는 아래의 아메리카 원주민의 글을 읽으며 큰 감동을 받았다. 이제 우리는 그 마음을 안고 지구로 향할 것이다.

우주를 사랑하는 법을 배워라. 작은 곤충에서 하늘의 별들에 이르기까지 모든 것이 다 그대와 가까운 사람이라도 되는 양 사랑할 줄 알아야 한다. 그러면 일체의 속박에서 벗어난 사랑의 강렬함을 느끼게 될 것이고, 영원한 시간이 그대에게 내려와 황금 날개로 그대를 덮어 줄 것이다.

인류는 예부터 타자를 두려워했습니다. 즉 '우리'라는 테두리에 포함되어 있지 않은 '남'을 무서워했지요. 그래서 산 너머에 괴물이 산다고 생각하거나 강 건너에 무서운 사람들이 산다고 생각했습니다. 우리가 아는 많은 요괴나 괴물은 이렇게 해서 태어났습니다. 그저 서로의 문화가 다르고 생활 풍습이 다른 것뿐인데, 자기들과 모습이 다르다고 해서 해괴하다거나 야만적이라고 여긴 것이지요.

그것은 지금도 다르지 않습니다. 교통이 발달해 서로 가고 오고 하면서 타자에 대한 두려움이 줄어들었습니다만, 여전히 낯선 사람들에게 경계의 눈초리를 늦추지 않습니다.

그리고 현대에 들어서 새로운 타자가 등장했습니다. 그 가운데 하나가 외계인입니다. 외계인은 지구라는 공동체 바깥에 사는 생물체입니다. 외계에 생명체가 살고 있는지 어떤지는 알 수 없지만, 영화나 소설 등에 나오는 외계인은 대부분 적대적으로 묘사됩니다. 예전에 산 너머 물 건너에 살던 타자에게 던졌던 공포와 의구심을 지구 바깥을 향해 던지고 있는 셈이지요. 그러니까 공포와 의구심의 대상이 바뀌었을 뿐 옛날이나 지금이나 기본적인 생각은 변하지 않았다고 해야겠지요.

문화인류학 또는 인류학은 이런 타자의 문화를 조사하고 연구하는 학문입니다. 타자를 연구하는 것은 타자의 문화를 거울삼아 자기의 문화를 비춰 보고 서로를 이해하기 위해서입니다. 그래서 문화인류학은 타자를 두려움의 대상으로 보지 않습니다. 타자를 이해하기 위해 밖에서 관찰하며 조사하는 것이 아니라 그들 속으로 들어가 함께 어울립니다.

이렇게 연구한 문화인류학의 성과를 더욱 효과적으로 보여주기 위해 '아름다운 고리'라는 행성에서 온 외계인들을 이 책에 등장시켰습니다. 우리가 볼 때는 외계인이 타자입니다. 그렇지만 외계인이 볼 때는 우리가 타자가 됩니다. 이런 면에서 외계인이라는 존재는 문화인류학을 이해하고, 우리의 모습을 살펴볼 수 있는 멋진 거울이 될 것이라고 생각했습니다.

'만약 외계인들이 지구에서 살게 된다면 과연 어떻게 될까?' 시작은 이 물음입니다. 만약 외계인들이 지구를 침략하지 않고 몰래 들어와 살아야 하는 상황이 된다면 아마 문화인류학의 연구 성과가 중요한 역할을 할 것입니다. 문화인류학은 특정한 지역이나 사회가 아니라 지구 전체를 실험실로 삼고 있는 학문이기 때문이지요. 그래서 지구 전체를 이해하는 데는 문화인류학이 매우 유용할 것입니다.

물론 문화인류학이 외계인에게만 도움이 되는 것은 아닙니다. 최근 세계 굴지의 IT기업들에서는 문화인류학 전공자를 채용하고 있습니다. 세계가 하나의 공동체인 시대에는 사업을 위해서도 타자의 문화를 잘 이해하는 사람이 필요합니다. 아무리 좋은 것을 갖고 있어도 생각이 다른 사람들을 설득시키고 감동시키지 못하면 아무 소용이 없기 때문이지요. 다른 사람들의 생각과 문화를 이해하고 세계를 이해하는 데 이 책이 도움이 되기를 바랍니다.

케이 팩스라는 행성의 이름은 영화 〈케이 팩스〉에서 따왔습니다. 본문 내용 가운데 과일에 대한 묘사도 영화 〈케이 팩스〉에서 빌린 것입니다. 이런 것을 영화의 세계에서는 '오마주'라고 한다지요. 오마주는 프랑스어로 존경이나 경의를 뜻합니다. 본문에 나온 내용은 많은 문화인류학자들의 생각을 토대로 한 것입니다. 세계 곳곳에서 타자들과 함께 어울려 살면서 인류를 연구해 온 여러 문화인류학자들에게도 존경과 경의를 보냅니다.

2013년 9월
이경덕

참고문헌

• 데이비드 그레이버, 정명진 옮김 『부채, 그 첫 5,000년』 부글북스, 2011.
• 로저 키징, 전경수 옮김 『현대 문화인류학』 현음사, 1990.
• 루스 베네딕트, 이종인 옮김 『문화의 패턴』 연암서가, 2008.
• 마거릿 미드, 조한혜정 옮김 『세 부족 사회에서의 성과 기질』 이화여자대학교 출판부, 1998.
• 마르셀 모스, 이상률 옮김 『증여론』 한길사, 2002.
• 마빈 해리스, 박종열 옮김 『문화의 수수께끼』 한길사, 2000.
• 마빈 해리스, 정도영 옮김 『식인과 제왕』 한길사, 1995.
• 메리 더글러스, 유제분·이훈상 옮김 『순수와 위험』 현대미학사, 1997.
• 미셸 푸코, 오생근 옮김 『감시와 처벌』 나남출판, 2003.
• 빅터 터너, 박근원 옮김 『의례의 과정』 한국심리치료연구소, 2005.
• 스기야마 마사아키, 이경덕 옮김 『유목민의 눈으로 본 세계사』 시루, 2013.
• A. 반겐넵(아르놀드 방주네프), 전경수 옮김 『통과의례』 을유문화사, 1989.
• 앨런 바너드, 김우영 옮김 『인류학의 역사와 이론』 한길사, 2003.
• 에드워드 사이드, 박홍규 옮김 『오리엔탈리즘』 교보문고, 2007.
• 에밀 뒤르켐, 노치준·민혜숙 옮김 『종교생활의 원초적 형태』 민영사, 1992.
• 오카다 데쓰, 정순분 옮김 『돈가스의 탄생』 뿌리와이파리, 2006.
• 요한 하위징아, 이동인 옮김 『호모 루덴스』 연암서가, 2010.

- 장 뒤비뇨, 류정아 옮김 『축제와 문명』 한길사, 1998.
- 제인 구달, 최재천 외 옮김 『인간의 그늘에서』 사이언스북스, 2001.
- 최창모 『금기의 수수께끼』 한길사, 2003.
- 최협 『부시맨과 레비스트로스』 풀빛, 1996.
- 캐서린 벨, 류성민 옮김 『의례의 이해』 한신대학교출판부, 2007.
- 클로드 레비스트로스, 안정남 옮김 『야생의 사고』 한길사, 1996.
- 클로드 레비스트로스, 김진욱 옮김 『구조인류학』 종로서적, 1987.
- 클리퍼드 기어츠, 문옥표 옮김 『문화의 해석』 까치, 2009.
- 하비 콕스, 김천배 옮김 『바보제』 현대사상사, 1989.
- 한국문화인류학회 『낯선 곳에서 나를 만나다』 일조각, 2006.
- 한국문화인류학회 『처음 만나는 문화인류학』 일조각, 2003.
- 헤럴드경제, '마야 문명 멸망의 수수께끼 밝혀졌다. 원인은?', 2012년 11월 14일자.

- 佐佐木宏幹, 村武精一編 『宗敎人類學』 新曜社, 1994.

- Adamson Hoebel, *The Law of Primitive Man*, Harvard, MA: Atheneum, 1954.
- Douglas J. Kennett, Sebastian F. M. Breitenbach, *Development and Disintegration of Maya Political Systems in Response to Climate Change*, Science, 9 November 2012.
- Jared Diamond, *Easter's End*, Research Library, 1995.
- John van Willigen, V. C. Channa, *Law, Custom and Crimes against Women : The Problem of Dowry Death In India*, Human Organization, Vol. 50, 1991.
- Lauriston Sharp, *Steel Axes for Stone-Age Australians*, Human Organization, Vol. 1, 1952.
- Mashall Sahlins, *Poor Man, Rich Man, Big Man, Chief*, Comparative Studies in Society and History, Vol. 5, 1963.
- Pearl Katz, *Ritual in the Operating Room*, Ethnology, Vol. 20, 1981.